# ACTIVITIES MANUAL

## SIXTH EDITION

# Dicho y hecho

*Beginning Spanish*

# ACTIVITIES MANUAL

## SIXTH EDITION

# Dicho y hecho

## Beginning Spanish

## Laila M. Dawson

JOHN WILEY & SONS, INC.

EXECUTIVE PUBLISHER   Joe Heider
ASSISTANT EDITOR   Samantha Alducin
SUPPLEMENTS MANAGER   Marsheela Evans
SENIOR SUPPLEMENT PRODUCTION EDITOR   Lenore Belton
MARKETING MANAGER   Ilse Wolfe
TEXT DESIGN ADAPTATION   UG / GGS Information Services
COVER PHOTOS   Group of college students: ©Strauss/Curtis/The Stock
Market. Young woman on phone: ©David Young Wolff/Tony Stone Images,
New York. Men working with laptop: ©Terry Vine/Tony Stone Images, New
York. Bride and groom: ©Kaluzny/Thatcher/Tony Stone Images, New York.
Globe: ©Mark Andrews/Tony Stone Images, New York.

**Wiley Nonce**
PUBLISHER   Steve Debow
EDITORIAL DIRECTOR   Bob Hemmer
EDITOR   María F. García

PHOTO CREDITS
Page LM 18 [top]: Michael Newman/PhotoEdit. [Top left]: Robert Frerck/The
Stock Market [top right]: Suzanne L. Murphy/D. Donne Bryant Stock.
[Bottom left]: J. P. Courau/D. Donne Bryant Stock. [Bottom right]: Robert
Frerck/Woodfin Camp & Associates.

This book was set in 11.5/14 New Aster by UG/GGS Information Services
and printed and bound by Courier Kendallville, Inc.

To order books or for customer service please, call 1(800)-CALL-WILEY (225-5945).

ISBN 0-471-32352-7

Printed in the United States of America

10  9  8  7  6  5

The *Activities Manual* that accompanies *Dicho y hecho, Sixth Edition,* consists of three sections: *Cuaderno de ejercicios escritos, Internet Discovery,* and *Manual de laboratorio.*

## *Cuaderno de ejercicios escritos*

The written exercises in the *Cuaderno de ejercicios escritos* practice and reinforce the vocabulary and structures presented in the main text. Each chapter offers a variety of exercises and activity types in a consistent chapter structure. Students and instructors can choose from the many activities in the *Cuaderno:*

- crossword puzzles for practice of theme vocabulary through word definitions
- grammar-specific exercises that practice language structures within a context
- realia-based exercises for the purpose of further developing reading skills (accompanied by *Reading Hints* in the first six chapters)
- focused creative writing exercises based on the text cartoon characters Antonio Tucán, Miguelito, and Julia
- chapter review through questions which relate to the students' lives
- guided creative writing through interpretation of a situation suggested by a drawing

The *Answer Key* at the end of the *Activities Manual* encourages students to monitor and evaluate their work. Answers are not provided for the realia-based reading exercises, the review questions at the end of each chapter, or creative writing activities.

## *Internet Discovery*

The user-friendly activities in the *Internet Discovery* section were written specially for language students who are spending more time on the Internet searching for information and resources. This guide provides an inside look into materials readily available on the Internet such as on-line dictionaries, Spanish grammar exercises, things to do, and so on.

URLs are constantly changing. In the event that a site referred to is no longer live, students can access alternate *Internet Discovery* activities by logging on to www.wiley.com/college/dicho

## *Manual de laboratorio*

The *Manual de laboratorio* accompanies fourteen half-hour recordings on laboratory tapes or CDs. The audio program supports learning through practice and reinforcement of the vocabulary and structures. Together, the audio program and lab manual offer:

- a highly effective visual component based on the vocabulary-related and structure-related illustrations from the text
- guided listening exercises based on authentic realia and a variety of other materials (students listen with a particular focus and respond in writing to the information presented)
- guided oral/aural exercises that reinforce the structures presented in the main text
- personalized question exercises in the sections entitled *Preguntas para usted*

The *Answer Key* to the written responses in the *Manual de laboratorio* is printed in the *Instructor's Resource Manual* and is available as an electronic file on the Instructor's Resources section of the *Dicho y hecho* WAVE site www.wiley.com/college/dicho.

The *Dicho y hecho* classroom text with its ancillary workbook, audio program, and web-extended components, offers a solid, comprehensive, and engaging program of language study.

# Contents

# WORKBOOK

## SIXTH EDITION

# Dicho y hecho

*Beginning Spanish*

3. Name two search engines in Spanish. Do they cover the same topics? the same regions?

_____

4. What is the name of the only e-zine written for students and teachers of Spanish? Who produces the e-zine? What is the title of *Tarea #1* in the most recent edition?

_____

5. If you wanted more practice with grammar drills, what site(s) would you consider?

_____

 **Internet Discovery**

**A Web on On-line Dictionaries www.yourdictionary.com/**

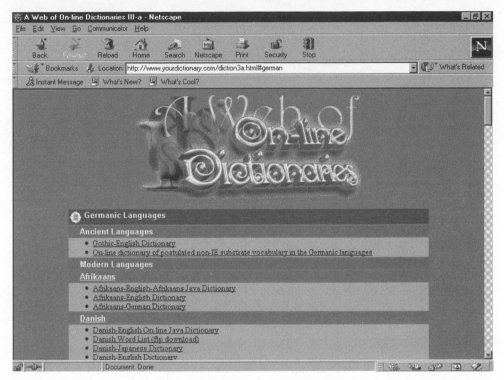

"Our apologies! We know that the screen shot printed above is different from the one you are looking at live. When this manual went to press, Professor Beard's new *yourDictionary.com* logo and graphics were scheduled for release the following month. But since it's such a useful site, we didn't want to pass up the opportunity to make you aware of it."

How many times have you been up late studying, the library is closed, and you have found yourself in need of a dictionary? Professor Beard at Bucknell University has created an award-winning site, gathering dictionaries from every language imaginable into one easy-to-use page.

1. Do a quick search for the English word *quixotic*. What does the word mean? Where does the word come from?

2. How many of these languages do you recognize? Click on *Catalan*. Look at the site. Where is Catalan spoken?

Now click on *Spanish*. Click on *Anaya*. What options do you have? Select *Spanish-English*. Type in *libertad*. What does it mean?

_____

4. Still in the Anaya dictionary, click on *escolar* in the left-hand column. Type in *libertad* again. What is the difference between the two dictionaries? What information do you get in the *escolar* that you don't get in *Spanish-English?* Give two examples.

_____

5. Return to <www.yourdictionary.com>, Spanish. What dictionary would you use to find out how to say *Web page* in Spanish? How do you say it?

_____

 **Internet Discovery**

LANIC's maps: http://www.lanic.utexas.edu

Reproduced with the permission of Carolyn Palaima. © University of Texas at Austin.

Sponsored by the University of Texas at Austin, LANIC is one of the premier Web sites for information about Latin America. LANIC provides comprehensive information and services as well as access to its first-rate collections of maps.

1. Look around the site. What does LANIC stand for?

_____

2. Where would you look to find out what the indigenous peoples of Paraguay are called? What are they called?

_____

3. Which Latin American country has the most newspapers listed on this site? Where did you find the information?

_____

4. Now click on *Libraries & Reference → maps → Uruguay*. What body of water lies in the center of this country? What is unusual about this body of water?

_____

# Capítulo 7
## ¿Qué hay en tu guardarropa?

 **Bien dicho**   ¿Qué hay en tu guardarropa?

**A.** Crucigrama

### Horizontal

1. Donde las mujeres llevan su dinero (*money*), gafas, etc.
2. Lo que llevamos cuando llueve.
3. Tipo de abrigo que llevamos cuando llueve.
4. Lo contrario de **caro**.
5. Cuando hace mucho, mucho frío, debemos llevar un suéter y un...
6. Lo que las mujeres llevan a una fiesta muy elegante.
7. La joya que llevamos en el cuello.
8. Lo que miramos para averiguar (*find out*) la hora.

9. Llevamos éstas en los pies cuando nieva.
10. A un restaurante elegante, los hombres llevan chaqueta y...
11. Lo que las mujeres llevan en las piernas.
12. Lo que llevamos en las manos cuando hace frío.

### Vertical

13. Lo que las mujeres llevan en la cabeza cuando están en la playa y hace sol.
14. Lo que llevamos en los pies.

(*continúa*)

15. Las mujeres llevan blusa.
    Los hombres llevan...

16. Combinación de chaqueta y
    pantalones o falda.

17. Frecuentemente es de cuero.
    Los hombres los llevan con los
    pantalones.

18. Los jugadores de béisbol y
    muchos estudiantes los llevan en
    la cabeza.

19. La joya que llevamos en el dedo.

20. Lo contrario de **largo.**

B.  **¡Vamos a leer!** Lea el anuncio y complete el siguiente ejercicio.

1.  Haga una lista de ocho palabras del anuncio que son muy
    similares a su equivalente en inglés. Traduzca las palabras
    al inglés.

    | *español* | *inglés* |
    |---|---|
    | a) _____ | _____ |
    | b) _____ | _____ |
    | c) _____ | _____ |
    | d) _____ | _____ |
    | e) _____ | _____ |
    | f) _____ | _____ |
    | g) _____ | _____ |
    | h) _____ | _____ |

*Cuaderno de ejercicios escritos*

2. ¿Qué verbo asocia usted con la palabra **venta**?
   _____

3. La tienda ofrece **venta** de smokings y **alquiler** de smokings.
   ¿Puede usted adivinar (*guess*) lo que significa **alquiler** en inglés?
   **alquiler** = _____

4. La palabra **quinceañeras** es una combinación de dos palabras. ¿Cuáles son? _____  _____

   (**Quiceañeras** son muchachas que cumplen quince años. En México y en otros países del mundo hispano se celebra esta ocasión con una fiesta muy especial.)

5. El anuncio dice que el smoking del novio es **gratis** con grupos de seis o más. ¿Puede usted adivinar lo que significa **gratis** en inglés?
   **gratis** = _____

6. ¿En qué tipo de ropa formal se especializa Lloyd's Formal Wear?

   _____

7. ¿Qué otras cosas ofrecen?

   _____

8. ¿Le gusta a usted llevar ropa formal?

   _____

9. Si usted va a la boda (*wedding*) de un/a amigo/a, ¿qué ropa lleva usted?

   _____

■ **Bien dicho**   Los colores

C.  Indique el color.

   1. Las bananas son _____.
   2. Las fresas y las cerezas son _____.
   3. La parte exterior de la sandía es _____.
   4. Las naranjas son _____.
   5. Con frecuencia las cebollas son _____.
   6. Los arándanos (*blueberries*) son _____.

**1. Los demostrativos**

**D.** Usted va a una joyería con una amiga que va a comprar muchas joyas. Usted le hace preguntas a ella para averiguar (*to find out*) lo que va a comprar. Complete las preguntas con la forma correcta del demostrativo (adjetivos y pronombres).

1. ¿Vas a comprar _____ anillo (aquí) o _____ (allí)?

2. ¿Prefieres _____ pulseras (aquí) o _____ (allí)?

3. ¿Te gustan _____ aretes (aquí) o _____ (allí)?

4. ¿Te gusta _____ cadena de oro (aquí) o _____ (allí)?

**E.** Traduzca al español.

1. I'm not going to buy this sweater. I prefer that one (*there*).

   _____

2. Antonio, do you see that blue jacket (*way over there*)? It costs $50 (**dólares**)!

   _____

3. These long-sleeved shirts are not expensive. Those (*there*) cost $20.

   _____

**2. Posesión con de**

**F.** ¿De quién son?

**A.** Diga de quién son las siguientes cosas. Escriba oraciones completas con las palabras indicadas y la preposición **de.**

1. estos guantes/ser/mi hermano

   _____

2. esas botas/ser/mi hermana menor

   _____

*Cuaderno de ejercicios escritos*

3. esa gorra de lana/ser/el instructor de esquí

_____

4. ese abrigo/ser/la instructora de esquí

_____

B. Ahora escriba preguntas para averiguar **de quién** son las siguientes cosas.

1. ¿ser/este suéter?

   *¿De quién...* _____

2. ¿ser/esta chaqueta?

   _____

3. ¿ser/estos pantalones?

   _____

4. ¿ser/estos esquíes?

   _____

### 3. Los adjetivos y pronombres posesivos

G. Indique de quién son las siguientes cosas. Conteste las preguntas. Use el adjetivo posesivo.

MODELO:   Ese impermeable gris, ¿es de Susana?
          **Sí, es *suyo*.**

1. Ese reloj, ¿es tuyo?

   _____

2. Esas gafas de sol, ¿son tuyas?

   _____

3. Esa bolsa azul, ¿es de Anita?

   _____

4. Esa cartera negra, ¿es de Pedro?

   _____

5. Esas camisetas, ¿son de ustedes?

_____

6. Esos sombreros de playa, ¿son de ustedes?

_____


**H.** Traduzca al español.

1. A friend (*f.*) of mine is wearing my jacket.

_____

2. Whose is this red umbrella? Is it yours (*familiar*)?

_____

3. It's not mine. It's Ana's.

_____

4. Her raincoat is here also.

_____


**I.** ¿De quién son los pantalones? ¿Qué dicen Antonio, Miguelito y Julia?

1. Antonio dice que... _____

2. Miguelito... _____

3. Julia... _____

4. ¿Cómo sabe Julia que los pantalones son del hombre?

_____

*Cuaderno de ejercicios escritos*

## 4.   Otros verbos irregulares en el pretérito

**J.**   Escriba preguntas con la siguiente información. Use la forma de **tú** del verbo. Escoja (*Choose*) el verbo que corresponde a la información. Verbos: **darle, conducir, hacer, traducir, tener que, traer**.

MODELO:   ...trabajar/hoy

**¿Tuviste que trabajar hoy?**

1.   ...la tarea/anoche

   _____

2.   ...el poema/anoche

   _____

3.   ...las fotos de México a clase/hoy

   _____

4.   ...la composición a la profesora/ayer

   _____

5.   ...el carro de Miguel al centro/ayer

   _____

**K.**   Imagine que usted y sus amigas y amigos hicieron un viaje (*took a trip*) a las montañas. Narre la aventura. Escoja de la siguiente lista el verbo que corresponde a cada oración. Escriba la forma correcta del verbo (tiempo pretérito) en el espacio en blanco. Verbos: **querer, traer, poner, hacer, estar, tener, venir, poder**.

1.   Un amigo mío _____ un viaje a las montañas el mes pasado. (Nosotros) _____ el mismo (*same*) viaje el sábado pasado.

2.   De acuerdo con (*As per*) nuestros planes, mis amigos _____ a mi apartamento a las 8:00 de la mañana.

3.   Mis amigas Dulce y Ana _____ la comida y las bebidas.

4.   (Yo) _____ nuestras mochilas y chaquetas en el Jeep.

5. (Yo) _____ llevar al perro pero no
   _____. Se quedó (*He stayed*) en casa.

6. (Nosotros) _____ en las montañas caminando y
   explorando por unas seis o siete horas.

7. (Nosotros) _____ que regresar ese mismo día.
   En otra ocasión queremos acampar allí.

**L.** Lea el mensaje electrónico que Anita y Elena le escriben a
Pablo. Luego, imagine que usted es Pablo. Conteste las
preguntas que sus amigas le hacen. ¡Sea creativo/a en sus
respuestas!

---

De: Anita@ole.com, Elena@ole.com
Para: Pablo@ole.com
CC:
Asunto: Te esperamos

Querido Pablo,
Elena y yo estamos un poco preocupadas. ¿Dónde estuviste anoche?
Te esperamos media hora y luego nos fuimos al centro sin ti. También
llamamos a tu apartamento. ¿Tuviste alguna emergencia? ¿Adónde fuiste?
Tus amigas, Anita y Elena

---

1. _____

2. _____

3. _____

**M.** Antonio quiere saber lo que pasó
en la fiesta. Miguelito le da una
explicación, indicando **a)** lo que
sus amigos hicieron en la fiesta
(pretérito) y **b)** lo que él va a hacer
para remediar la situación (**ir + a
+ *infinitivo***). Escriba lo que dice
Miguelito.

*Cuaderno de ejercicios escritos*

## 5. Pronombres de complemento indirecto

N. Una tía suya, muy generosa, les regaló a todos los miembros de la familia lo que pidieron. Indique lo que su tía le regaló a cada persona.

MODELO:   mi hermana/un abrigo
**Mi tía *le regaló* un abrigo.**

1. yo/una chaqueta _____

2. mis padres/botas _____

3. tú/un reloj _____

4. mi hermana/una bolsa _____

5. nosotros/suéteres _____

O. Indique lo que usted hizo después de volver de su viaje a México. Escriba oraciones con las palabras indicadas. Use el pronombre de complemento indirecto.

MODELO:   *mostrar* el álbum de fotos a mamá
**Le mostré el álbum de fotos a mamá.**

1. *regalar* una bolsa a mi amiga Linda

_____

2. *mandar* unos regalos a mis primos

_____

3. *mostrar* las fotos a mi tía

_____

4. *devolver* la cámara a mi padre

_____

5. *contar* mis aventuras a mis abuelos

_____

6. *traer* un vestido a mi hermana

_____

7. *dar* un mapa de México a la profesora

_____

### 6. **Hacer** para expresar *ago*

**P.** Dos amigas suyas organizaron una fiesta para el cumpleaños de Elena. Usted les pregunta cuándo hicieron las siguientes cosas. Ellas responden. Escriba la pregunta y la respuesta según el modelo.

MODELO: *comprar* las decoraciones/una semana
USTED: **¿Cuándo compraron las decoraciones?**
ELLAS: **Las compramos hace una semana.**

1. *escribir* las invitaciones/cuatro días

USTED: ¿Cuándo... _____

ELLAS: _____

2. *comprar* los regalos/tres días

USTED: _____

ELLAS: _____

3. *llamar* a los padres de Elena/una semana

USTED: _____

ELLAS: _____

4. *pedir* la torta de cumpleaños/dos días

USTED: _____

ELLAS: _____

*Cuaderno de ejercicios escritos*

**Q.** Conteste las preguntas con oraciones completas.

1. ¿Cuánto tiempo hace que usted llegó a esta universidad?

   _____

2. ¿Cuándo fue la última vez (*last time*) que usted volvió a casa?

   _____

3. ¿Le compró usted un regalo a su madre? ¿Qué le compró?

   _____

4. ¿Le contó a ella algunos incidentes de su vida en la universidad?

   _____

5. ¿Dónde estuvo usted anoche?

   _____

6. ¿Qué hizo usted ayer?

   _____

7. ¿Qué tuvo usted que hacer ayer?

   _____

**R.** Inés y Camila están de camino a la fiesta de cumpleaños de Carmen. Describa: **a)** la ropa que llevan Inés y Camila, **b)** lo que hicieron, lo que hacen y lo que van a hacer. Use las siguientes palabras: **llevar** (ropa), **comprarle, hacerle, poner,** y después, **ir, darle, estar...** Escriba su descripción en la página 92.

Palabra útil: **chaleco =** *vest*

_____

_____

_____

_____

_____

_____

_____

[Check your answers with those given in the *Answer Key* and
make all necessary corrections with a pen or pencil of a
different color.]

**Internet Discovery**

**Webspañol's Spanish-English idioms and sayings**
http://www.geocities.com/Athens/Thebes/6177/idioms.htm#a

Webspañol's stated mission is to promote "the study and appreciation of the Spanish language by utilizing a variety of Internet sources." **Spanish-English Sayings** is one of the many features of Webspañol's extensive site. Native speakers of a language frequently use sayings or adages in their daily conversation. But the meaning of these sayings is often not obvious to the nonnative speaker. This Web site gives you the equivalent sayings in Spanish and English.

1. What does *Camarón que se duerme, se lo lleva la corriente* mean?

   _____

2. Can you find the equivalent of *Le patina el coco?*

   _____

3. Don't forget to take the online test. Click on *Online Test* in the bottom right square. Click next question and off you go! How many answers did you get right?

   _____

# Capítulo 8
# La naturaleza
# y el medio ambiente

 **Bien dicho** La naturaleza y el medio ambiente

A. Crucigrama

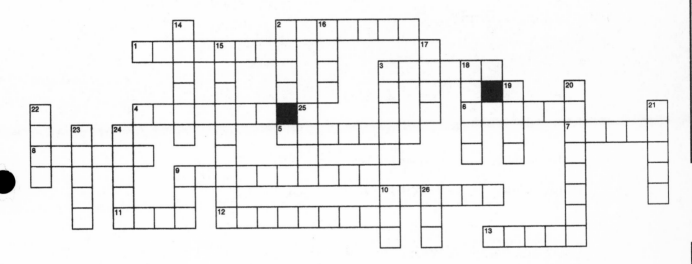

## Horizontal

1. Las nubes están negras y hay relámpagos y viento. ¡Es una... terrible!

2. Este animal produce huevos.

3. Una montaña baja y pequeña.

4. Los animales que vemos en el cielo son...

5. Las personas montan a este animal.

6. Un grupo de muchos árboles es un...

7. Hay mucha vegetación tropical, arañas y serpientes en la...

8. Parte del planeta no ocupado por el mar.

9. Durante una tormenta violenta hay mucho viento, mucha lluvia y con frecuencia... en el cielo.

10. Sacar (*Take out*) peces del agua.

11. Gran masa de agua permanente depositada en depresiones de la tierra.

12. Reptil largo que se encuentra en la selva.

13. Cuando estamos acampando y necesitamos cocinar, es necesario hacer un...

(*continúa*)

**Vertical**

2. Un animal doméstico que toma leche y dice "miau".
3. Durante el día, el... normalmente es azul. Durante una tormenta está gris.
9. Corriente de agua continua que corre hacia el mar.
10. Un animal que vive y nada en los ríos o en el mar.
14. Hacienda o rancho en el campo con animales.
15. Están en el cielo de noche. Hay muchas.
16. Está en el cielo de noche. Es grande.
17. La rosa es una...

18. Están en el cielo. Son blancas o grises.
19. Porción de tierra rodeada de (*surrounded by*) agua.
20. Hay cactos en el...
21. La tierra entre (*between*) montañas.
22. Vehículo que usamos para navegar de una parte del lago o río a otra parte.
23. El jamón, el tocino y las chuletas son de este animal.
24. Planta con tronco muy alta.
25. El animal que produce leche.
26. Es grande y amarillo. Está en el cielo de día.

**B.** Conteste las preguntas con oraciones completas.

1. ¿A qué lugares le gusta a usted ir de vacaciones?

_____

2. ¿Están sus padres de vacaciones ahora? (¿Dónde?)

_____

3. ¿Hacen usted y sus amigos y amigas viajes los fines de semana? (¿Adónde?)

_____

4. ¿Prefiere usted hacer un viaje en crucero o en tren?

_____

5. ¿Le gusta a usted tomar el sol? ¿Y hacer *surf*?

_____

*Cuaderno de ejercicios escritos*

C.  **¡Vamos a leer!** Lea el aviso y conteste las preguntas (p. 98).

# Rocky Mountain National Park
### (Parque Nacional—Las Montañas Rocosas)
### Colorado

Servico Nacional de Parques
Departamento del Interior U.S.

*A caballo*
Se pueden **alquilar** caballos y **contratar guías** en dos lugares al este del parque, así como en un gran número de **caballerizas** al este y al oeste, fuera de los límites del parque, durante la estación **veraniega.**

*Camping*[1]
Los cinco campings del parque situados en Moraine Park, Glacier Basin, Aspenglen, Longs Peak y Timber Creek proveen la manera más **agradable** de **familiarizarse** con el Parque Nacional de las Montañas Rocosas. En Longs Peak el límite de duración de acampada es tres días, en los demás campings, siete. ... En Glacier Basin se pueden reservar zonas de acampada para grupos. En Longs Peak sólo se puede acampar en tiendas de campaña. Sólo se permite hacer fuego en las parrillas de los campings y lugares de descanso. ...

*Pesca*
En los arroyos y lagos del Parque Nacional de las Montañas Rocosas se encuentran cuatro **especies** de **trucha:** *rainbow*, *German brown*, *brook* y *cutthroat*. A pesar de que en estas frías aguas no hay peces muy grandes, sin duda disfrutará del maravilloso paisaje de montaña que lo rodeará mientras pesca.

*Alpinismo*
Para el **alpinista** el Parque Nacional de las Montañas Rocosas ofrece una variedad de dificultosos **ascensos** durante todo el año. ... Para los que no son alpinistas profesionales, pero a los que les gustaría vivir la experiencia de llegar a la cumbre de una montaña, Longs Peak es la solución. En julio, agosto y parte de septiembre, la **ruta** a través de Keyhole puede subirse sin un **equipo técnico** de alpinismo. Aunque no se necesita un equipo técnico, el largo ascenso de Longs Peak es difícil. El **incremento** en altura es de 1.433 metros (4.700 pies), y los 24 kilómetros (16 millas) de ida y vuelta de la escalada pueden llevar alrededor de unas 12 horas.

---

[1]**Camping** is a word commonly used by Hispanics in the United States to indicate campsite or campground.

1. Las siguientes palabras aparecen en negrita (*boldface*) en la descripción del Parque Nacional. ¿Cuántas de las palabras entiende usted? Examine cada palabra dentro del (*within the*) contexto de la oración. Escriba el equivalente en inglés.

| *español* | *inglés* | *español* | *inglés* |
|-----------|----------|-----------|----------|
| **alquilar** | = _____ | **especies** | = _____ |
| **contratar** | = _____ | **trucha** | = _____ |
| **guías** | = _____ | **alpinista** | = _____ |
| **caballerizas** | = _____ | **ascensos** | = _____ |
| **veraniega** | = _____ | **ruta** | = _____ |
| **agradable** | = _____ | **equipo técnico** | = _____ |
| **familiarizarse** | = _____ | **incremento** | = _____ |

2. ¿Durante qué estación se pueden alquilar caballos?

   _____

3. Si usted quiere acampar en grupo con sus amigos, ¿en cuál de los campings debe usted reservar una zona de acampada?

   _____

4. ¿Qué tipo de permiso se requiere para hacer fuego fuera de (*outside of*) los campings?

   _____

5. ¿Cuántas especies de truchas se encuentran en el Parque Nacional?

   _____

6. ¿Cuántas horas se necesitan para escalar (ida y vuelta) Longs Peak?

   _____

7. ¿Cuántas millas es la escalada (ida y vuelta)?

   _____

8. Para usted, ¿cuál de las actividades mencionadas es la más interesante?

   _____

*Cuaderno de ejercicios escritos*

### 1. Verbos similares a gustar

D. Diga lo que les encanta, les importa, etc. a las personas. Escriba oraciones usando el verbo (con el pronombre indirecto) que mejor corresponda a la situación indicada.

**importar    molestar    fascinar    encantar    interesar**

MODELO:    Alfonso pesca casi todos los fines de semana.
**A Alfonso le encanta pescar.**

1. Alfonso dice que las arañas son muy fascinantes.

   _____

2. La actividad favorita de Anita y de su amiga Marta es montar a caballo.

   _____

3. Estamos acampando y ¡hay tantos (*so many*) mosquitos!

   _____

4. Tengo mucho interés en estudiar los insectos y la vegetación de la selva.

   _____

5. Camila dice que la preservación de la naturaleza es muy importante.

   _____

**Pregunta personal:**

6. ¿Qué aspectos de la naturaleza le encantan o le fascinan a usted?

   _____

## 2. Los pronombres de complemento directo e indirecto

**E.** Imagine que un/a amigo/a le hace muchas preguntas a usted. Contéstele usando los pronombres de complemento directo e indirecto.

MODELO: ¿Quién te dio ese regalo? (mi amiga)
**Mi amiga *me lo* dio.**

1. ¿Quién te mandó ese paquete? (mi abuela)

   _____

2. ¿Quién te escribió esa tarjeta postal? (mi hermana)

   _____

3. ¿Quién te prestó esos binoculares? (mi tía)

   _____

4. ¿Quién te dio la nueva dirección de Camila? (Jorge)

   _____

5. ¿Quién te contó lo que pasó anoche? (Carmen)

   _____

6. ¿Quién te dijo que hay una fiesta esta noche? (Óscar)

   _____

**F.** Natalia viajó al Perú. Escribió una lista de lo que va a hacer al volver a casa. Conteste las preguntas según la información de la lista.

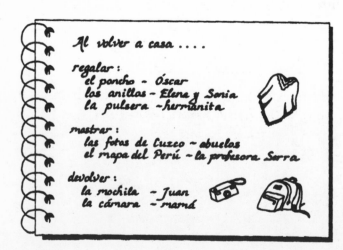

Al volver a casa . . . .

regalar:
el poncho – Óscar
los anillos – Elena y Sonia
la pulsera – hermanita

mostrar:
las fotos de Cuzco – abuelos
el mapa del Perú – la profesora Serra

devolver:
la mochila – Juan
la cámara – mamá

*Cuaderno de ejercicios escritos*

MODELO: ¿Qué va a hacer ella con el poncho?
**Va a regalárselo a Oscar.**

1. ¿Qué va a hacer con los anillos?

_____

2. ¿Qué va a hacer con la pulsera?

_____

3. ¿Qué va a hacer con las fotos de Cuzco?

_____

4. ¿Qué va a hacer con el mapa del Perú?

_____

5. ¿Qué va a hacer con la mochila?

_____

6. ¿Qué va a hacer con la cámara?

_____

G.  Traduzca al español.

1. Juanita, who sent you the flowers?

_____

2. Alejandro gave them to me.

_____

3. Are you going to show them to your parents?

_____

**Bien dicho**  **El medio ambiente**

H.  Escriba la palabra que corresponde a la descripción.
Palabras: **contaminado/a, peligroso/a, la contaminación, la
desforestación, la destrucción, la fábrica, la madera,
construir, desperdiciar, enseñar, matar, plantar, proteger,
reciclar, resolver.**

1. _____ Un edificio grande donde se producen
aparatos electrónicos, coches, ropa,
químicas, etc.

2. _____ El acto de poner una planta en la tierra.

3. _____ El resultado de destruir muchas cosas.

4. _____ Lo que los profesores hacen en la clase.

5. _____ Quitar o eliminar la vida.

6. _____ Este material de construcción viene de los árboles.

7. _____ El acto de no usar un recurso (*resource*) natural de una manera eficiente.

8. _____ El resultado de cortar todos los árboles de un bosque.

9. _____ Lo contrario de **destruir.**

10. _____ Debemos... el papel y el aluminio en vez de tirarlo en el cubo de la basura.

11. _____ Dar protección a algo.

12. _____ Cuando el aire y el agua están muy sucios, decimos que hay mucha...

13. _____ Un lago que contiene mucha basura está...

14. _____ Encontrar una solución a un problema es... el problema.

15. _____ Algo que pueda causarte daño (*harm*) o dolor es...

**Pregunta personal:**

16. En su opinión, ¿cuál es el problema ambiental (*environmental*) más serio de nuestro planeta?

_____

_____

### 3. El imperfecto

I. Indique lo que ocurría cuando usted pasaba los veranos en la casa de sus abuelos. Complete las oraciones con la forma correcta del verbo en el imperfecto.

1. (dormir) (Yo) Siempre _____ en una cama (*bed*) grande.

2. (correr, jugar) Todos los días, mi hermano y yo _____ por el jardín y _____ con el perro.

3. (plantar) A veces (nosotros) _____ flores en el jardín.

*Cuaderno de ejercicios escritos*

4. (pescar) Con frecuencia (yo) _____ en el lago con mi abuelo.

5. (preparar) Cada tarde mi abuela nos _____ galletas deliciosas.

6. (comer, tomar) En los picnics (nosotros) _____ el famoso pollo frito de mi abuela y _____ limonada.

7. (pasarlo, estar) (Nosotros) Siempre _____ bien cuando _____ con ellos.

8. (ser) Mis abuelos _____ fantásticos.

J.  Indique lo que no se hacía antes, pero sí se hace ahora (en un mundo ideal) para proteger el medio ambiente. Complete las oraciones con la forma correcta del verbo en el **imperfecto** y en el **presente.** Use el pronombre de complemento directo en la segunda oración.

MODELO:   (cortar) Antes **cortaban** los árboles. Ahora no **los cortan.**

1. (proteger) Antes no _____ los bosques. Ahora _____ _____.

2. (contaminar) Antes _____ los ríos con basura. Ahora no _____ _____.

3. (reciclar) Antes no _____ el papel. Ahora _____ _____.

4. (desperdiciar) Antes _____ la gasolina. Ahora no _____ _____.

5. (matar) Antes _____ los animales del bosque. Ahora no _____ _____.

6. (resolver) Antes no _____ los problemas ambientales. Ahora _____ _____.

*Cuando era joven...*

K.  Imagine lo que el pájaro anciano (muy viejo) les dice a Antonio y a Miguelito acerca de **a)** cómo era su vida cuando era joven, **b)** lo que hacía o no hacía, **c)** las cosas que tenía o no tenía. ¡Sea creativo/a!

### 4. Comparaciones de igualdad

**L.** Complete las oraciones para indicar una comparación de igualdad.

MODELO: (peligroso) Las lluvias de los huracánes son **tan peligrosas como** los vientos de los huracanes.

1. (fuerte) Los vientos del huracán Andrew fueron casi

   _____ _____ _____

   los vientos del huracán George.

2. (grande) El temblor (*earthquake*) de 1906 en Ecuador fue

   _____ _____ _____

   el temblor de 1957 en Alaska (8.8).

3. (serio) Los resultados de la destrucción de la capa de ozono

   son _____ _____ _____

   los resultados de la desforestación.

4. (contaminado) Los océanos están _____

   _____ _____ los ríos.

5. (difícil) Resolver el problema de la contaminación del aire

   es _____ _____ _____

   resolver el problema de la desforestación.

**M.** Escriba oraciones para indicar una comparación igual. Use **tanto/a/os/as... como.**

MODELO: ríos: Colombia/Perú

   **Hay *tantos* ríos en Colombia *como* en Perú.**

1. volcanes: Chile/El Salvador

   _____

2. desforestación: Brasil/Honduras

   _____

3. vegetación tropical: Costa Rica/Panamá

   _____

4. cataratas: Argentina/Paraguay

   _____

*Cuaderno de ejercicios escritos*

**5. Comparaciones de desigualdad y los superlativos**

N. Escriba oraciones para indicar una comparación de desigualdad. Use **más/menos... que.**

1. (grande) El temblor de 1960 en Chile: 9.5 grados Richter
   El temblor de 1964 en Alaska: 9.2 grados Richter

   _____

2. (fuerte) Los vientos del huracán Mitch: 180 millas por hora
   Los vientos del huracán Andrew: 145 millas por hora

   _____

3. (alto) El volcán Cotopaxi de Ecuador: 19,344 pies de altura
   El volcán Popocatépetl de México: 17,887 pies de altura

   _____

4. (largo) El río Amazonas: 3900 millas
   El río Nilo: 4180 millas

   _____

O. Traduzca al español.

1. It is better to camp here than there.

   _____

2. We can cook the fish on the fire.

   _____

3. Ana tells me that you cook as well as she (does).

   _____

4. When we are camping, she eats as much as we (do).

   _____

**P.** Lea el mensaje electrónico que Lidia les escribe a sus amigos. Luego, conteste las preguntas.

---

De: Lidia@ole.com
Para: Anita@ole.com, Pablo@ole.com, Elena@ole.com
CC:
Asunto: saludos de Panamá

Queridos amigos,
Les mando este mensaje de la Ciudad de Panamá. La semana pasada hice el mejor viaje de mi vida. Visité las islas San Blas en la costa norte de Panamá. ¡Qué paraíso! Es el lugar más tranquilo del mundo, con aguas cristalinas, palmeras... Ayer pasé el día descansando en una hamaca, pero anteayer hice "snorkel" aquí y creo que vi los más bellos corales de las islas y los peces más increíbles. Eran de colores extraordinarios y ¡formas muy raras! Saqué fotos —más de las que van a querer ver. Hasta pronto.
Abrazos, Lidia

---

1. ¿Cómo fue el viaje de Lidia a las islas San Blas?

   _____

2. ¿Cómo describe ella el lugar?

   _____

3. ¿Qué vio debajo del (*under the*) agua?

   _____

4. ¿Cuántas fotos sacó?

   _____


## Repaso general Capítulo 8

**Q.** Conteste las preguntas con oraciones completas.

1. ¿Qué cosas le interesan a usted mucho?

   _____

2. ¿Qué le encanta a usted hacer?

   _____

*Cuaderno de ejercicios escritos*

3. Cuando usted era niño/a, ¿qué hacía durante los veranos?

_____

4. Cuando usted estaba en la escuela secundaria, ¿qué hacía cuando no estaba estudiando?

_____

5. ¿Cuándo ocurrió la mejor experiencia de su vida? Descríbala.

_____

_____

6. ¿Es usted tan aventurero/a como su mejor amigo/a? *o* Es usted más/menos aventurero/a que él/ella? Explique.

_____

_____

_____

**R.** Describa la escena. Use el **imperfecto.** Incluya: **a)** dónde estaba Esteban, **b)** cómo estaba (**tener...,** etc.) y **c)** una comparación entre Esteban y el pequeño animal, entre los diferentes insectos, etc. ¡Sea creativo/a!

_____

_____

_____

_____

[Check your answers with those given in the *Answer Key* and make all necessary corrections with a pen or pencil of a different color.]

## Internet Discovery

Yupi http://www.yupi.com/

Established in 1996, Yupi is a well-known Spanish-language Web Portal with its own search engine that links to over 150 million Web pages. You can also limit your search to one Spanish-speaking country or open it up to all Spanish-speaking countries. Yupi is also home to *ciudadfutura.com*, an online community of personal Web pages. A great source for news and entertainment!

1. Are you a sports fan? Click on *Deportes*. Scroll down and study the headings under *Categorías*. What do you think *deportes de raqueta* means? Click on the link for clues.

   _____

2. Return to the homepage and click on *Fútbol*. Can you figure out how to say *Women's soccer*?

   _____

3. What is the URL of the cable TV company in Chile?

   _____

4. Click on *Ciudadfutura*. If you wanted to send a postcard, which link would you use? If you wanted to play games, which link would you use? Under which category will you find the "recipe of the day"?

   _____

# Capítulo 9
## Casas y otras cosas

**Bien dicho**   Casas y otras cosas

**A.**   Crucigrama

### Horizontal

1. El tipo de vaso que usamos para tomar vino.

2. Un tipo de sillón largo que se encuentra en la sala.

3. El aparato que da luz. Lo ponemos en la mesa o en el escritorio.

4. El aparato en la cocina que conserva comida a baja temperatura.

5. Una silla muy grande y confortable.

6. El aparato en que vemos programas de televisión.

7. El mueble en que dormimos.

8. El lugar en la casa donde hacemos fuego cuando hace frío.

9. El cuarto o dormitorio donde dormimos.

10. Lo que divide o separa los cuartos de la casa.

11. El cuarto donde encontramos el inodoro y la bañera.

12. El cuarto donde comemos, especialmente en ocasiones formales.

13. Lo que usamos con agua para lavar las manos.

*(continúa)*

14. El lugar donde estacionamos el coche.
15. Cristal en que se reflejan (*are reflected*) los objetos.
16. La parte de la casa que la cubre y la protege de la lluvia.
17. Una pintura que ponemos en la pared.
18. Lo contrario de **bajar.**
19. Lo contrario de **encender** la luz.

**Vertical**

2. El cuarto donde descansamos, hablamos con nuestros amigos o vemos la televisión.
6. Después de salir de la ducha o de la bañera necesitamos una...
7. Lo que ponemos en las ventanas para decorarlas.
8. El mueble donde guardamos calcetines, ropa interior, camisetas, etc.
20. El lugar donde guardamos los trajes, los pantalones, los vestidos, las camisas, etc.

21. Cuando no queremos poner agua en la bañera, podemos tomar una...
22. Lo que ponemos en el suelo para cubrirlo o decorarlo.
23. El mueble donde guardamos libros, el televisor, etc.
24. Lo que usamos para subir del primer piso al segundo piso.
25. Donde ponemos la alfombra. Sinónimo de **piso.**
26. Está en el baño. Lo usamos varias veces cada día.
27. El cuarto donde cocinamos.
28. Lo contrario de **subir.**
29. Donde nos lavamos las manos y la cara.
30. El lugar en el baño donde nos bañamos.
31. En la cocina, donde lavamos los platos.

**B.** Primero, escriba el nombre del objeto. Luego, escriba dos palabras (bebidas, comidas, etc.) que usted asocia con el objeto.

MODELO: **la copa**
**el vino**
**la champaña**

1.

2.

3.

_____    _____    _____

_____    _____    _____

_____    _____    _____

*Cuaderno de ejercicios escritos*

4. 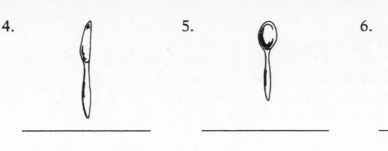   5.   6.

_____   _____   _____

_____   _____   _____

_____   _____   _____

**Bien dicho**   **Los quehaceres domésticos**

C.   ¿Qué hizo usted en el apartamento antes de la llegada de su
novio/a? Combine el verbo de la columna **A** con la información
correspondiente de la columna **B**. Luego, escriba una oración
completa con el verbo en el pretérito.

| **A** | **B** |
|---|---|
| 1. pasar | las camas |
| 2. hacer | los platos |
| 3. sacar | a preparar la cena |
| 4. lavar y secar | la mesa |
| 5. poner | el estéreo |
| 6. apagar | la basura |
| 7. prender | el televisor |
| 8. empezar | la aspiradora |

1. Pasé la aspiradora. _____

2. _____

3. _____

4. _____

5. _____

6. _____

7. _____

8. _____

## 1.  El pretérito y el imperfecto

**D.** Indique lo que pasó o lo que pasaba con frecuencia cuando su familia estaba en la Ciudad de México. Complete las oraciones con los verbos en el pretérito o en el imperfecto según el contexto.

1. (alquilar) Todos los veranos mi familia _____ un apartamento en la Ciudad de México. El mes pasado mi padre _____ una casa.

2. (visitar) Con frecuencia (yo) _____ los museos en el centro. Una vez _____ al parque de Chapultepec.

3. (comer) Todos los viernes mi hermano y yo _____ enchiladas en la casa de la señora Torres. Un día _____ tamales.

4. (subir) Un sábado por la mañana mis hermanas _____ la Pirámide del Sol. Frecuentemente _____ la Pirámide de la Luna.

5. (ir) Un sábado (yo) _____ a los canales de Xochimilco. Casi todos los sábados (yo) _____ a los mercados públicos de la ciudad.

**E.** Narre la historia de esta niña y de su abuela. Complete las oraciones con los verbos en el pretérito o en el imperfecto según el contexto.

1. (ser) _____ una tarde bonita.
2. (hacer) _____ sol.
3. (ser) _____ las cinco de la tarde.
4. Una niña (caminar) _____ por el bosque.
5. (Llevar) _____ un vestido rojo y una bolsa grande.
6. Ella (ir) _____ a la casa de su abuela todos los sábados para visitarla.
7. Aquel día, cuando (llegar) _____ a la casa de su abuela, (abrir) _____ la puerta y (entrar) _____ en la casa.
8. Su abuela (estar) _____ en la cama.
9. (Haber) _____ una lámpara cerca de la cama.
10. La niña (encender) _____ la luz.

*Cuaderno de ejercicios escritos*

11. ¡Ay! ¡Su abuela (tener) _____ una nariz muy grande y una boca enorme con muchos dientes!

12. La niña (tener) _____ miedo y (salir) _____ de la casa corriendo.

**F.** Traduzca al español.

1. What was the wolf doing there? (*wolf* = **lobo**)

_____

2. Was he sleeping when the little girl arrived?

_____

3. What did she do when she saw the wolf?

_____

**G.** Antonio les cuenta a Julia y a Miguelito un cuento de fantasmas (*ghosts*). Escriba el cuento. Incluya:

| | |
|---|---|
| **imperfecto:** | la fecha (**Era...**) |
| | el tiempo |
| | descripción del fantasma |
| | acciones en progreso |
| **pretérito:** | serie de acciones (**luego..., entonces..., después..., por fin...**) |

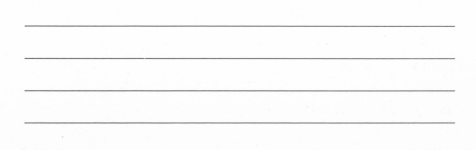

_____

_____

_____

_____

_____

## 2. Preposiciones de lugar y otras preposiciones útiles

**H.** Alguien le regaló una planta a Lidia. Según los dibujos de Leti, indique dónde está pensando en poner la planta.

1. Está pensando en ponerla...

   _____

2. Está pensando en ponerla...

   _____

3. Está pensando en ponerla...

   _____

4. Está pensando en ponerla...

   _____

**I.** Traduzca al español.

1. Anita, instead of watching TV, do you want to rent a video?

   _____

2. Yes! Is the video store (**tienda de vídeos**) far from your home?

   _____

3. No. It's very close (near).

   _____

*Cuaderno de ejercicios escritos*

4. Before going, do you want to order a pizza from Franco's pizza shop?

_____

5. Yes! I love their pizza.

_____

**J.** **¡Vamos a leer!** Lea el breve anuncio de la Cruz Roja. Luego, conteste las preguntas.

Los nadadores pequeños necesitan un poco de ayuda.

Aprenda seguridad dentro y fuera del agua.

Llame a la Cruz Roja

American Red Cross

1. ¿Cuáles son los verbos (infinitivos) que corresponden a las siguientes palabras?

*palabra*        *verbo (infinitivo)*

**nadadores**    _____

**aprenda**      _____

**llame**        _____

2. Lea las dos primeras oraciones del anuncio. Por el contexto, ¿puede usted adivinar lo que significan las siguientes palabras en inglés?

*español*          *inglés*

**nadadores**     _____

**ayuda**          _____

**seguridad**      _____

3. ¿Sabe usted nadar bien?

_____

4. Cuando usted está en la playa, ¿prefiere estar dentro o fuera del agua?

_____

5. ¿Le gusta a usted ayudar a los nadadores pequeños?

_____

## 3. Pronombres preposicionales

K. Complete el diálogo con las palabras apropiadas. Use **mí, ti, ella, nosotros, conmigo, contigo.**

*Un sábado por la mañana Carmen y Alfonso hablan de la torta que van a preparar para la fiesta de sorpresa de Natalia.*

CARMEN:     Mira, Alfonso. Voy al supermercado para comprar los ingredientes para la torta de cumpleaños de Natalia. ¿Quieres venir _____?

ALFONSO:    Lo siento, Carmen. No puedo ir _____ ahora porque tengo que hablar con el mecánico. Tengo problemas con el motor de mi coche.

CARMEN:     Bueno. Me voy sin _____. Linda va a venir al apartamento a las cuatro para preparar la torta _____. Si quieres ayudarnos, y si no tienes tu coche, puedes venir a las cuatro con _____.

ALFONSO:    Gracias. Soy especialista en decoración de tortas.

Copyright © 2001 John Wiley & Sons, Inc.

*Cuaderno de ejercicios escritos*

CARMEN: ¡Sí! El año pasado, cuando celebramos mi cumpleaños, decoraste una torta para _____. ¡Qué bonita fue!

ALFONSO: Natalia va a estar muy sorprendida esta noche. ¡A _____ le encantan las fiestas de sorpresa!

CARMEN: ¡Y a nos encanta organizarlas!

## 4. Para y por

L. Cuando usted y sus amigos o amigas van al centro, ¿para qué van a los siguientes lugares? Escriba oraciones según el modelo.

MODELO: al museo
**Vamos al museo** *para ver el arte.*

1. a la biblioteca

   _____

2. al parque

   _____

3. al restaurante Roma

   _____

4. al cine

   _____

5. al bar

   _____

**M.** Elena les escribe un mensaje electrónico a sus amigos. Lea el mensaje, y luego complete las oraciones según las preguntas.

---

De:   Elena@ole.com
Para: Lidia@ole.com, Pablo@ole.com, Anita@ole.com
CC:
Asunto: compras

Hola, Lidia, Pablo y Anita. Esta mañana hice las compras que me pidieron, y tengo toda la comida guardada en el refrigerador o en la mesa de la cocina. Pasen por el apartamento cuando puedan para recoger sus cosas. Si no estoy aquí, les dejo la puerta abierta.

La suma de las compras:
Lidia: una dozena de manzanas, cereal, yogur                     $7.80
Pablo: jamón, queso, pan, mayonesa                                 $9.75
Anita: una torta de chocolate de la pastelería, leche          $6.95

¿Van a salir esta noche? Me encantaría ver la película que se estrena en el Cine Azul. Abrazos, Elena

---

¿Para quién son las siguientes comidas?

1. El jamón y el queso son _____ _____.

2. Las manzanas y el cereal son _____ _____.

3. La torta de chocolate es _____ _____.

¿Para qué fue Elena a la pastelería?

4. Fue _____ comprarle una _____ a Anita.

¿Cuánto pagó Elena por la comida que cada persona le pidió?

5. Pagó $ _____ _____ la comida que le pidió Lidia.

6. Pagó $ _____ _____ la comida que le pidió Pablo.

7. Pagó $ _____ _____ la comida que le pidió Anita.

Cuando Pablo, Lidia y Anita recogieron (*picked up*) la comida, ¿qué le dijeron a Elena?

8. Elena, ¡gracias _____ la comida que nos compraste!

**N.** ¿Qué hizo Tomás? Complete las oraciones. Use **por** o **para.**

1. Elena, la novia de Tomás, estuvo en el hospital
   _____ una semana.

2. Tomás fue al hospital _____ visitarla.

*Cuaderno de ejercicios escritos*

3. A ella le gusta leer y necesitaba más libros. Tomás fue a la librería _____ ella porque ella no podía salir del hospital.

4. También fue a una florería _____ comprar rosas.

5. Compró las rosas _____ quince dólares.

6. Después, Tomás volvió al hospital y le dijo: "Elena, ¡estos tres libros nuevos y estas rosas son _____ ti!"

7. Ella le dijo: "¡Gracias _____ los libros y las flores!"

8. A las ocho de la noche Tomás salió del hospital. Salió _____ su casa.

9. Pasó _____ un parque muy bonito y _____ una avenida con muchas luces.

10. Al llegar a casa, preparó algo _____ comer.

11. Después, vio la tele _____ una hora y trabajó en un proyecto que tenía que terminar _____ el lunes.

12. Tomás era estudiante y también trabajaba _____ una compañía de contabilidad.

## Repaso general Capítulo 9

O. Conteste las preguntas con oraciones completas.

1. Cuando usted era niño/a, ¿qué hacía cuando estaba solo/a en casa?

_____

2. En la fiesta, ¿qué hacían los estudiantes cuando el policía entró?

_____

3. En la clase de español, ¿qué hacían usted y sus amigos cuando su profesor/a entró?

_____

4. Después de la clase, ¿para qué fueron usted y sus amigos al centro estudiantil?

_____

5. Anoche, ¿estudió contigo tu mejor amigo/a?

_____

6. ¿Qué hicieron ustedes la última vez (*last time*) que salieron?

_____


**P.** Describa el escenario: **a)** diga la hora y la estación, **b)** describa la sala (En la sala **había...** ), **c)** describa el tiempo y lo que se **veía** por la ventana, **d)** describa lo que hacían los abuelos y el gato y **e)** luego, indique una serie de cosas que ocurrieron para interrumpir la tranquilidad de la escena nostálgica.

_____

_____

_____

_____

_____

_____

[Check your answers with those given in the *Answer Key* and make all necessary corrections with a pen or pencil of a different color.]

*Cuaderno de ejercicios escritos*

 **Internet Discovery**

**MIT list of Radio Stations on the Internet** http://wmbr.mit.edu/stations/

Would you like to practice your listening skills by tuning in to radio programs in Spanish? Or maybe you just want to hear some music in Spanish? The Massachusetts Institute of Technology has brought over 9,000 links to radio stations all around the world. If your computer is not already equipped with the necessary plug-ins, you may need to download them to listen to the radio over the Web.

1. Scroll down and click on *Europe—Latvia to Yugoslavia*. Scroll down to Spain. Click on *Radio Cope 100.7FM*. What is the name of the show that is on from 9:00 P.M. to midnight?

   _____

2. Click on *Real audio* or *Mediaplayer* and listen to the show that is playing. What is the topic under discussion?

   _____

3. Now scroll down and click on *South America*. Scroll down to Argentina and click on *Radio Tango Argentino*. Pick a tango and listen. Which tango did you listen to? What is it about?

   _____

# Capítulo 10
## La vida diaria

**Bien dicho**   La vida diaria; Condiciones

A.   Crucigrama

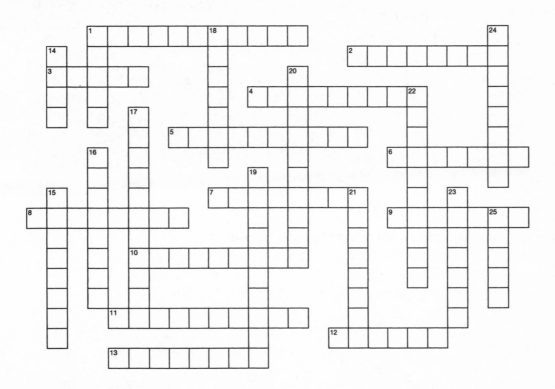

**Horizontal**

1. El acto de sentirse intranquilo, con un poco de miedo, por ejemplo, antes de un examen.

2. El acto de hablar mal de las cosas que no te gustan o que te molestan.

3. Hay mucho... en la residencia estudiantil y también en las fiestas cuando hay muchas personas y una banda de música.

4. El acto de quitarse el pelo con una navaja.

5. El acto de decir "adiós".

6. El acto de quitarle el agua al cuerpo, al pelo, etc. con toalla o secador.

7. El acto de usar un peine.

8. Lo contrario de **ponerse** la ropa es... la ropa.

9. El acto de lavarse el cuerpo en la bañera.

*(continúa)*

10. El acto de irse a la cama al final del día.

11. El acto de salir de la cama por la mañana.

12. ¡Ja, ja, ja!

13. El acto de tomar asiento (*seat*). No estar de pie.

**Vertical**

1. Lo que se usa para peinarse el pelo.

14. Lo contrario de **quedarse.**

15. El acto de tomar una ducha.

16. Las tijeras sirven para... el pelo.

17. El acto de abrir los ojos después de dormir es...

18. Lo contrario de **quitarse** la ropa es... la ropa.

19. El acto de ir a una fiesta, bailar y escuchar música es...

20. El acto de lavarse los dientes con pasta de dientes y cepillo es... los dientes.

21. Ponerse (*To become*) furioso.

22. Ponerse enfermo.

23. El acto de limpiarse las manos en el lavabo con agua y jabón.

24. El acto de ponerse la ropa y los zapatos.

25. Lo que hace el despertador para despertarnos, o lo que hace el teléfono.

B.  **¡Vamos a leer!** Lea el anuncio (p. 125). Luego, conteste las preguntas.

*¿Sabes por cuánto tiempo funciona tu desodorante?*

1. Lea la primera parte del anuncio. Por el contexto, ¿puede usted adivinar lo que significan las siguientes palabras en inglés?

   **funciona** = _____     **desvanecerse** = _____

2. Según el anuncio, ¿cuándo empieza a desvanecerse el efecto de muchos desodorantes?

   _____

*¿Sabías que el estrés emocional provoca tanta transpiración como el ejercicio físico?*

3. Lea la segunda parte del anuncio. Por el contexto, ¿puede usted adivinar lo que significan las siguientes palabras en inglés?

   **transpiración** = _____     **presión** = _____

   **caminata** = _____     **abdominales** = _____

**Fue superado el record en protección desodorante.**

**Nuevo Speed Stick de Mennen, es el campeón.**

**¿Sabes por cuánto tiempo funciona tu desodorante?**

Es verdad: algunos funcionan por más tiempo . . . otros por menos. Todos empiezan muy bien . . . por lo menos los primeros cincuenta o sesenta minutos. Pero el efecto desodorante de muchos productos empieza a desvanecerse a las cuatro o cinco horas y hay algunos productos que han dejado de funcionar casi por completo antes de seis horas. Y esto sucede aun cuando las personas están sometidas a un ritmo de trabajo y de presión normal.

**¿Sabías que el estrés emocional provoca tanta transpiración como el ejercicio físico?**

Los expertos lo han comprobado. La presión en el trabajo, la emoción del éxito, la tensión antes de revelarse los resultados . . . todo esto produce tanta transpiración, como una intensa caminata o una centena de abdominales. Y resulta que, cuando empieza tu día, no sabes exactamente cuáles son los desafíos físicos y emocionales a los que te enfrentarás. Por eso necesitas un desodorante en el que puedas confiar . . . sin importar cómo es tu día.

**Ahora sí: protección de verdad por más de 24 horas.**

Recientemente, Speed Stick lanzó al mercado una nueva fórmula en su línea de productos, que rompió el record de duración en protección desodorante. Esta fórmula que la compañía fabricante Mennen ha llamado de "Ultra Protección", se mantiene en un nivel superior al 70% de efectividad después de 24 horas de aplicación, comprobado. El éxito de la fórmula se debe a una tecnología exclusiva, desarrollada por Mennen, que fue probada extensivamente en una enorme variedad de situaciones y contra la gama más amplia de competidores a nivel mundial.

4. Según el anuncio, ¿cuáles son dos cosas emocionales que provocan la transpiración? ¿Y dos actividades físicas?

_____

*Ahora sí: protección de verdad por más de 24 horas.*

5. ¿Cuánta protección da el nuevo *Speed Stick*?

_____

6. ¿Qué marca de desodorante usa usted? ¿Le gusta?

_____

## 1. Los verbos reflexivos

**C.** Usando los verbos de la columna **A**, escriba una lista de su rutina de todas las mañanas. Primero, determine el orden lógico de las actividades. Luego, escriba la actividad en la columna **B**, usando la forma de **yo** del verbo en el presente.

**A**

___ vestirse

___ levantarse

_1_ despertarse a las...

___ cepillarse los dientes

___ bañarse

___ lavarse el pelo

___ ponerse los zapatos

___ secarse

___ desayunar

**B**

1. Me despierto a las ocho.

2. _____

3. _____

4. _____

5. _____

6. _____

7. _____

8. _____

9. _____

**D.** Varias personas hicieron la misma cosa. Escriba la forma correcta del verbo en el pretérito según la persona indicada.

MODELO:    Antes de ir a la fiesta, *me duché*.

(Antonio) **Se duchó.**

1. Antes de ir a la fiesta, *me peiné;*

    (Susana) _____;

    (tú) _____;

    (nosotros) _____.

2. *Me vestí;*

    (Juan) _____;

    (nosotros) _____;

    (mis hermanos) _____.

3. En la fiesta, *me divertí;*

    (nosotros) _____;

    (Alberto) _____;

    (los estudiantes) _____.

4. *Me reí* mucho;

(Óscar) _____;

(mis amigas y yo) _____;

(Norma y Ana) _____.

5. *Me quedé* hasta las dos de la mañana;

(mis amigos) _____;

(nosotros) _____;

(Sonia) _____.

6. *Me despedí;*

(ustedes) _____;

(Carolina) _____;

(nosotros) _____.

E. Conteste las preguntas con oraciones completas. Preste atención al tiempo del verbo (presente, pretérito, imperfecto).

1. ¿De qué se preocupa usted?

_____

2. ¿De qué se queja usted?

_____

3. ¿Se enferma usted con frecuencia en el invierno?

_____

4. ¿Cómo se siente usted hoy?

_____

5. ¿A qué hora se levantó usted esta mañana?

_____

6. ¿Se bañó usted esta mañana? ¿Se peinó?

_____

7. ¿Fue usted a una fiesta el fin de semana pasado? ¿Se divirtió?

_____

_____

8. Cuando usted y sus amigos/as estaban en la escuela secundaria, ¿se divertían mucho? ¿Se preocupaban por las notas?

_____

_____

F.  Pobre Antonio. Es lunes por la mañana. Escriba lo que él dice. Antonio habla de **a)** cómo se siente, **b)** lo que no quiere hacer, y **c)** lo que tiene que hacer.

Ahora, conteste las preguntas personales con oraciones completas.

1.  ¿A qué hora suena su despertador los lunes por la mañana?

_____

2.  ¿Se levanta usted inmediatamente?

_____

3.  Después de levantarse, ¿qué hace usted?

_____

**Bien dicho** Acabar de

G. Traduzca al español. Use la expresión **acabar de** + *infinitivo*.

1. I have just gotten up.

   _____

2. My roommate has just gotten dressed.

   _____

3. Our friends have just left the dorm.

   _____

**2. Los adverbios**

H. Tom y Teresa subieron una montaña de 16.000 pies de altura. ¿Qué pasó? Complete las oraciones con el adverbio que mejor corresponda a cada situación. (Escriba el adverbio de cada adjetivo que sigue.) No repita ningún adverbio.

*Adjetivos*: **probable, enérgico, fácil, frecuente, lento, rápido, inmediato**

1. Por la mañana, con mucho entusiasmo, empezaron a escalar la montaña caminando _____ (con mucha energía).
2. Por la tarde, un poco cansados, caminaban más

   _____.
3. A causa de la altura (*altitude*) y la sed que tenían, tuvieron que tomar agua y descansar _____.
4. A las cuatro de la tarde, llegó una tormenta. Tuvieron que bajar de la montaña _____ e _____.
5. Pero a causa del viento, de la lluvia y los relámpagos, no pudieron bajar _____.
6. _____ estuvieron muy cansados al volver al coche.

**Bien dicho** Las llamadas telefónicas

I. Escriba la palabra o la frase que corresponde a la definición.

1. _____ La máquina automática que contesta el teléfono cuando no estamos en casa.

2. _____ Las palabras que se dejan (*one leaves*) en el contestador.

3. _____ Lo que se dice al contestar el teléfono.

4. _____ Cuando dos personas hablan por teléfono, esa línea está...

5. _____ La persona que trabaja para una compañía telefónica y nos ayuda con las llamadas.

6. _____ La llamada de una ciudad a otra o de un estado/país a otro.

7. _____ La llamada donde el destinatario paga.

8. _____ El libro grande que contiene los números de teléfono.

9. _____ El teléfono que se puede usar en el coche, en la playa, etc.

### 3. El presente perfecto

**J.** Usted regresa a la universidad un domingo por la noche después de haber pasado una semana fuera. ¿Qué ha ocurrido? Escriba oraciones con la siguiente información.

MODELO:   Rubén/*vender* su moticicleta
**Rubén ha vendido su motocicleta.**

1. Camila/*limpiar* su apartamento. ¡Qué sorpresa!

_____

2. Esteban/*recibir* un cheque y *comprarse* un estéreo

_____

3. Alfonso y Natalia/*irse* a Mt. Palomar para ver el famoso observatorio

_____

4. Linda y Manuel/*encontrar* trabajo

_____

5. Carmen/*escribir* un cuento (*story*) original

_____

*Cuaderno de ejercicios escritos*

**K.** ¿Qué no han hecho ustedes, "los inocentes"? Escriba oraciones. Use el presente perfecto en la forma de **nosotros**.

MODELO:    no *oír* nada
         **No *hemos oído* nada.**

1. no *decir* nada

   _____

2. no *ver* nada

   _____

3. no *oír* nada

   _____

4. no *hacer* nada

   _____

5. no *romper* nada

   _____

6. y ¡no *abrir* ningún regalo!

   _____

**L.** ¿Qué preguntas le hace la madre a la niña? ¿Qué contesta la niña? Escriba las preguntas y las respuestas. Siga los modelos. ¡Cuidado con los pronombres!

MODELOS:    escribir la composición
         MADRE:  **¿Has escrito la composición?**
         NIÑA:   **Sí, la he escrito.**
         secarte el pelo
         MADRE:  **¿Te has secado el pelo?**
         NIÑA:   **Sí, me lo he secado.**

1. sacar la basura

   MADRE: _____

   NIÑA: _____

2. hacer la cama

MADRE: _____

NIÑA: _____

3. terminar la tarea

MADRE: _____

NIÑA: _____

4. lavarte las manos

MADRE: _____

NIÑA: _____

5. cepillarte los dientes

MADRE: _____

NIÑA: _____

6. vestirte

MADRE: _____

NIÑA: _____

7. ponerte los zapatos

MADRE: _____

NIÑA: _____

**M.** Traduzca al español.

1. Pepe, has Susana's uncle died?

_____

2. No, but he is very sick. Have you seen her today?

_____

3. No. The neighbors say that she has gone to the hospital.

_____

4. I see her car. I think (that) she has returned.

_____

*Cuaderno de ejercicios escritos*

**Bien dicho** ¡Ya no!

**N.** Indique que ciertas personas comen demasiadas papas fritas, demasiado helado de chocolate, etc. Luego, indique que van a dejar de comer las comidas.

> MODELO: (yo)/papas fritas
> **Como demasiadas papas fritas.**
> **Voy a dejar de comerlas.**

1. (yo)/helado de chocolate _____

_____

2. mi padre/hamburguesas _____

_____

3. (nosotros)/postres _____

_____

4. mis amigos/pizza _____

_____

 **4. El pasado perfecto**

**O.** Las personas **dijeron** que nunca **habían hecho** las cosas indicadas. Escriba oraciones con las siguientes palabras. Use el pretérito y el pasado perfecto según el modelo.

> MODELO: Carlos/*decir*/nunca *ir* a Europa
> **Carlos *dijo* que nunca *había ido* a Europa.**

1. mis amigos/*decir*/nunca *viajar* a España

_____

2. (nosotros)/*decir*/nunca *ver* el Estrecho de Gibraltar

_____

3. Carmen/*decir*/nunca *comer* una paella

_____

4. (tú)/*decir*/nunca *tomar* sangría

_____

5. (yo)/*decir*/nunca *ir* a una corrida de toros

_____


### Repaso general Capítulo 10

**P.** Conteste las preguntas con oraciones completas.

1. ¿Qué hace usted por la mañana al levantarse? (tres actividades —verbos reflexivos)

    _____

    _____

2. ¿Qué hizo usted anoche antes de acostarse? (tres actividades —verbos reflexivos)

    _____

    _____

3. ¿Qué cosas interesantes o divertidas ha hecho usted recientemente?

    _____

    _____

**Q.** Describa la rutina de Esteban: **a)** antes, cuando era estudiante y **b)** ahora, cuando es un profesional. Escriba su descripción en la página 134.

Copyright © 2001 John Wiley & Sons, Inc.

*Cuaderno de ejercicios escritos*

---
---
---
---
---

[Check your answers with those given in the *Answer Key* and make all necessary corrections with a pen or pencil of a different color.]

Pasatiempos http://pasatiempos.el-mundo.es/pasatiempos/

El mundo, a newspaper in Madrid, Spain, provides several ways to while away the time. As a student of Spanish, you can practice language skills and have fun at the same time. Which pastimes do you prefer? Crossword puzzles? Chess? Another game?

1. Click on *Crucigramas*. What are the two categories from which you can select puzzles? Do a few.

   _____

2. Below the puzzle are two options: *Comprobar* and *Me rindo*. What do these two words mean?

   _____

3. To test your knowledge about movies, what link do you use?

   _____

4. Click on *El ahorcado*. What is the name of this game in English?

   _____

*Cuaderno de ejercicios escritos*

# Capítulo 11
## Las amistades y el amor

 **Bien dicho**   Las amistades y el amor

**A.**   Crucigrama

**Horizontal**

1. El viaje de los recién casados es la luna de...

2. Amoroso. Le gusta abrazar.

3. Cuando una pareja decide casarse y el hombre le presenta un diamante a la mujer.

4. La reunión de dos personas a una hora predeterminada.

5. Ceremonia matrimonial.

6. La condición de una mujer antes de dar a luz a un bebé.

7. El acto de entrar en el mundo.

8. Lo que pasa cuando estamos tristes y líquido sale de los ojos.

9. Un hombre muy viejo.

10. Saber por cierto (*for certain*) una cosa o estar convencido/a (*convinced*) de algo.

11. Una mujer cuyo (*whose*) esposo murió es...

**Vertical**

1. Lo contrario de **vida.**

3. El acto oficial de unir dos vidas.

12. El acto oficial de separación de esposo y esposa.

13. Lo contrario de **separados.** Sinónimo de **unidos.**

14. El acto de querer o amar a otra persona.

*(continúa)*

15. Dos personas unidas en el sentimiento.

16. Un hombre que no está casado es...

17. Sentir la ausencia de una persona.

18. Sinónimo de **esposo.**

19. Cuando un chico ve a su novia besando a otro chico, tiene...

**B.** **¡Vamos a leer!** Lea la noticia sobre una boda que ocurrió en un puente (*bridge*) fronterizo (*border*) entre México y los Estados Unidos. Luego, conteste las preguntas con oraciones completas.

---

### Boda en puente fronterizo entre México y EEUU

NUEVO LAREDO, México, abril 28. Para demostrar que al amor no lo detienen fronteras, dos jóvenes van a casarse hoy, con mariachis y todo, en medio del puente internacional que une las ciudades norteamericana de Laredo y mexicana de Nuevo Laredo.

Los protagonistas son Mark Felder, norteamericano de 21 años que vive en Laredo, y María Elena Gutiérrez, mexicana de 16 años que vive en Nuevo Laredo y que va a llegar a la mitad del puente con el típico y largo vestido blanco.

El origen de este hecho está en que, como María Elena es menor, necesita la presencia de sus padres para casarse en Laredo, pero las autoridades estadounidenses les niegan visas a ella y toda su familia.

A su vez, como la jovencita pretende vivir con su esposo en Laredo, la boda tiene que ser del lado estadounidense. De esa manera, el consulado en Nuevo Laredo autorizó el casamiento en la frontera del puente y será reconocido por las autoridades norteamericanas.

Ahora, sí que un mínimo paso en falso... y tendrán que vivir del lado mexicano.

---

1. ¿Qué significan las siguientes palabras?

**demostrar** = _____  **detienen** = _____

**une** = _____  **presencia** = _____

**autoridades** = _____  **autorizó** = _____

2. ¿De qué nacionalidades son los protagonistas?

_____

3. ¿Cuántos años tienen?

_____

4. ¿Pueden los padres de María Elena obtener visas para entrar en los EEUU?

_____

*Cuaderno de ejercicios escritos*

5. ¿Autorizó el consulado el casamiento en la frontera?

_____

6. ¿Qué simboliza el acto de casarse en la frontera entre dos
   países? ¿Le gusta a usted la idea?

_____

 **1. Los verbos reflexivos para indicar una acción recíproca**

**C.** Lea el mensaje que Lidia le manda a su amiga Elena. Luego,
escriba una lista de lo que pasó en la aventura amorosa de
Lidia y Renato. Hay diez pasos (acciones) en total.

---

De:   Lidia@ole.com
Para: Elena@ole.com
CC:
Asunto: buenas noticias

Querida Elena,
Me preguntaste si me divertí durante las vacaciones de primavera...
Pues, el viaje en crucero fue fenomenal. Y creo que ¡conocí al amor de mi
vida! Se llama Renato. Nos vimos por primera vez en el gimnasio del crucero,
y luego nos encontramos por casualidad en la piscina donde nos pasamos
toda la tarde hablando. Esa noche bailamos a la luz de la luna y nos
besamos. Los próximos días exploramos juntos varias islas del Caribe. Al final
del viaje, nos despedimos con un fuerte abrazo y decidimos comunicarnos
todos los días. Vamos a reunirnos muy pronto en la ciudad de Nueva York. Te
cuento más esta tarde. Abrazos, Lidia

---

1. Lidia conoció a Renato. _____

2. Se vieron... _____

3. _____

4. _____

5. _____

6. _____

7. _____

8. _____

*(continuado)*

9. _____

10. _____

D. Alex y Elena hablan de la relación entre Tom y Teresa, dos amigos suyos. Complete las oraciones. Use el pretérito o el imperfecto de los verbos entre paréntesis, según el contexto.

ALEX: Cuando Tom y Teresa (ser) (1) _____ novios, siempre (llevarse) (2) _____ _____ bien. (quererse) (3) _____ _____ mucho.

ELENA: Sí, y dos años después de conocerse, (casarse) (4) _____ _____. ¡Qué bonita (ser) (5) _____ la boda!

ALEX: Pero... ¿Qué pasó? ¿(divorciarse) (6) _____ _____?

ELENA: No. Creo que (tener) (7) _____ un desacuerdo (*disagreement*) muy grande y (separarse) (8) _____ _____ por dos o tres meses. Pero (resolver) (9) _____ sus problemas y ahora están juntos.

ALEX: Me alegro (*I'm glad*). Son una pareja ideal.

## 2, 3.   El subjuntivo; ...con expresiones de influencia

E. Imagine que dos amigos suyos están muy furiosos el uno con el otro a causa de un desacuerdo. Usted les recomienda que hagan ciertas cosas.

MODELO:   llamarse

**Les recomiendo que se llamen.**

1. pensar en las causas del problema

_____

2. reunirse

_____

3. hablarse

_____

*Cuaderno de ejercicios escritos*

4. escucharse

_____

5. ser flexibles

_____

6. buscar soluciones

_____

7. resolver sus problemas

_____

F. Imagine que un amigo suyo tiene problemas académicos muy serios. ¿Qué le recomienda usted? Escriba oraciones con las palabras indicadas.

MODELO:  recomendarte/que estudiar más
**Te recomiendo que estudies más.**

1. recomendarte/que hacer la tarea

_____

2. sugerirte/que pedirle ayuda al profesor

_____

3. decirte/que estudiar en la biblioteca con más frecuencia

_____

4. pedirte/que no salir todas las noches

_____

5. recomendarte/que acostarte más temprano

_____

6. sugerirte/que levantarte cuando suena el despertador

_____

7. insistir en/que ir a todas tus clases

_____

**G.** Traduzca al español.

1. He wants to buy Shakira's new CD.

   _____

2. No. He wants me to buy it.

   _____

3. He suggests (to me) that we listen to it before buying it.

   _____

**H.** Julia quiere que Antonio haga **muchas** cosas. Escriba lo que ella le dice. (**Antonio, quiero que..., que...,** etc.)

 **4.  El subjuntivo con expresiones de emoción**

**I.** Indique su reacción a la siguiente información. Escriba oraciones usando el verbo entre paréntesis.

MODELO:   Mi abuela no *viene* a la reunión.
          (sentir) **Siento que no *venga* a la reunión.**

1. Mi abuela *está* muy enferma.

   (sentir) Siento... _____

2. *Tiene* fiebre.

   (temer) _____

*Cuaderno de ejercicios escritos*

3. Ella *puede* hablar con el médico hoy.

   (alegrarse de) _____

4. Ahora, ella *se siente* un poco mejor.

   (esperar) _____

**J.** Lidia les manda un mensaje electrónico a sus amigos. Lea el mensaje y conteste las preguntas.

---

De:   Lidia@ole.com
Para: Elena@ole.com, Pablo@ole.com, Anita@ole.com
CC:
Asunto: llegada de Renato

Queridos amigos,
¡Estoy de buen humor hoy! Hace sol y Renato llega esta tarde. ¡Se queda por una semana! ¡Qué alegría! Quiero que lo conozcan. ¿Pueden venir a mi apartamento mañana por la noche para cenar con nosotros? ¿A las siete? Espero que sí. Avísenme, por favor.
Abrazos, Lidia

---

1. ¿De qué se alegra Lidia? (Mencione dos cosas más.)

   *Se alegra de que haga sol. Se alegra de...* _____

   _____

2. ¿Qué quiere Lidia?

   _____

3. ¿Qué espera Lidia?

   _____

**K.** Exprese sus sentimientos personales con respecto a su vida, en este momento y en el futuro. Escriba oraciones originales con los verbos indicados. Use el subjuntivo. *Remember that a change of subject is necessary for the use of the subjunctive in the second clause.*

MODELO: (alegrarse de) **Me alegro de que mi amiga venga a visitarme.**

1. (alegrarse de) _____

   y que _____.

2. (esperar) _____

   y que _____.

## 5. Los mandatos de tú afirmativos y negativos

**L.** Una abuela le da consejos (*advice*) a su hijo, que acaba de tener su primer hijo. ¿Qué debe hacer él para ser buen padre? Cambie cada verbo al mandato de **tú** afirmativo.

MODELO: *abrazarlo*
   **Abrázalo.**

1. *pasar* tiempo con él

   _____

2. *jugar* con él

   _____

3. *leerle* cuentos

   _____

4. *escucharlo*

   _____

5. *animarlo* (*encourage him*)

   _____

*Cuaderno de ejercicios escritos*

6. *enseñarle* las cosas importantes de la vida

_____

7. *ser* cariñoso con él

_____

8. *tener* paciencia con él

_____

9. *decirle* que lo quieres mucho

_____


**M.** Imagine que su compañero/a de apartamento le dice las siguientes cosas. Escriba un mandato de **tú** *negativo* correspondiente. Escoja el verbo apropiado: **usarlo, irte, comerlo, lavarlos, beberlas, lavarlos, olvidártelo, devolverlo.**

MODELO:   El estéreo no funciona.
          **No lo uses.**

1. Compré el pollo frito que está en el refrigerador hace un mes.

_____

2. Las cervezas en el refrigerador son para papá.

_____

3. Quiero ver otra vez el vídeo que alquilamos.

_____

4. Los platos que están en el lavaplatos están limpios.

_____

5. Regreso a las 8:00 y tengo una sorpresa para ti.

_____

6. Mi cumpleaños es mañana.

_____

N. Indíquele a su compañero/a de cuarto **a)** lo que debe hacer y **b)** lo que no debe hacer según la siguiente información. Escriba el mandato de **tú** afirmativo y el negativo. Siga el modelo.

MODELO:  *volver* a la residencia más temprano/no... tan tarde
**Vuelve** a la residencia más temprano.
**No vuelvas** tan tarde.

1. *levantarte* más temprano/no... tan tarde

_____

2. *acostarte* más temprano/no... tan tarde

_____

3. *apagar* el televisor/no... la computadora

_____

4. *poner* tus cosas en el ropero/no... en el suelo

_____

5. *decirme* la verdad (*truth*)/no... mentiras (*lies*)

_____

6. *ir* a clase/no... al centro estudiantil

_____

7. *salir* con tus amigos/no... con esas personas

_____

8. *llevar* tu ropa/no... la mía

_____


**Repaso general** Capítulo 11

O. Conteste las preguntas con oraciones completas.

1. Usted y su mejor amigo/a, ¿cuándo se conocieron?

_____

*Cuaderno de ejercicios escritos*

2. ¿Se llevan bien siempre, o a veces hay conflictos?

   _____

3. ¿Qué cosas le recomienda usted a un/a estudiante que acaba
   de llegar a la universidad?

   _____

4. ¿Qué quiere usted que hagan o no hagan sus amigos/as?

   _____

5. ¿Qué espera usted que haga su compañero/a de cuarto o
   apartamento?

   _____

6. ¿Qué desea usted que su hermano/a menor (verdadero o
   imaginario) haga? (mandatos de **tú** afirmativo)

   _____

7. ¿Qué desea usted que su hermano/a menor **no** haga?
   (mandatos de **tú** negativo)

   _____

**P.** Imagine que usted es uno de
los padres en el dibujo. Indique
su reacción a la situación y sus
deseos para el futuro del bebé.
Use las siguientes expresiones:
**sentir que..., temer que...,** en
el futuro **querer que...,**
**esperar que...** ¡Sea creativo/a!

_____

_____

_____

_____

[Check your answers with those given in the *Answer Key* and
make all necessary corrections with a pen or pencil of a
different color.]

¿? don Quijote is the largest private organization in Europe offering Spanish courses in Spain. If you were to study in Spain, which of the cities listed here would you like to study in?

Scroll down to "Community" and click on *Vocabulary*. ¿? don Quijote offers a free email vocabulary builder called "Palabra del día." After you sign up, every day you will receive a new word with its etymology and meaning as well as a sample sentence. It's a great way to learn new words or review old ones. So scroll on down to *Free subscription* and enter your email address. You can unsubscribe at any time.

Write down the words for the next five days.

1. _____        4. _____

2. _____        5. _____

3. _____

# Capítulo 12
## De viaje: En el avión y en el hotel

 **Bien dicho**   De viaje: En el avión y en el hotel; Más vocabulario para viajar

**A.**   Crucigrama

**Horizontal**

1. Si acabamos de llegar a otro país, tenemos que pasar por este lugar antes de salir del aeropuerto.

2. Lo contrario de **llegada.**

3. Varias maletas juntas.

4. Lo que hacemos con el equipaje grande al llegar al aeropuerto, antes de embarcarnos.

5. Lo miramos para averiguar las horas de las salidas y llegadas de los aviones.

6. Lo que los aviones y los pájaros hacen en el aire.

7. La persona que viaja.

8. La persona que maneja el avión.

9. El... 505 sale a las 8:20 de la mañana.

*(continúa)*

10. Cosa en el avión o en la sala de espera, destinada para sentarse.

11. La usamos para abrir la puerta de una casa o una habitación de hotel.

12. La persona que se queda en el hotel por unos días.

13. Para poder viajar en avión es necesario comprar uno de éstos, o de la línea aérea o de un/a agente de viajes.

14. Donde empacamos nuestras cosas para hacer un viaje.

15. En el avión, quiero un asiento al lado de la..., para poder ver las nubes.

**Vertical**

1. Lo contrario de **despegar.**

16. Aeronave. Se usa para volar.

17. La mujer que nos sirve la comida en el avión.

18. La persona que trabaja en la recepción de un hotel.

19. Lo que se usa en el hotel para subir y bajar de un piso a otro. No es la escalera.

20. El documento que tienes que tener para poder viajar de un país a otro.

21. El lugar donde los aviones aterrizan y despegan.

22. El hombre en el hotel que lleva las maletas a las habitaciones.

23. Prefiero volar con la... Iberia/United/American, etc.

24. Quiero un asiento al lado del... (no al lado de la ventanilla) porque tengo las piernas muy largas.

25. Cuando el avión llega muy tarde, se dice que hay una...

---

**Bien dicho**   En el hotel (continuación)

B.   Complete las oraciones con las palabras apropiadas.

1. La camarera cambia las _____ de las camas todos los días.

2. Cada cama doble tiene dos _____ grandes (para descansar la cabeza).

3. Porque hace frío, hay dos _____ en cada cama.

4. Todas las habitaciones tienen _____ para cuando hace frío, y _____ _____ para cuando hace calor.

5. Si no queremos comer en el restaurante del hotel, es posible pedir el _____ de _____.

6. Es costumbre darle una _____ a la persona que trae la comida a la habitación.

7. Ahora queremos nadar. Vamos a la _____ del hotel.

*Cuaderno de ejercicios escritos*

C. **¡Vamos a leer!** Lea el anuncio del Hotel Cotopaxi en Quito. Luego, haga una lista de las palabras o frases más importantes de cada sección del anuncio. No escriba oraciones completas.

---

# HOTEL COTOPAXI

**Avenida González-Suárez 8500**
**Reservaciones: 543–600**
**Fax: 567–211**

## QUITO
Rodeados de altas montañas y de valles multicolores, su millón de habitantes vive en dos mundos diferentes: la vieja ciudad con sus bellas iglesias y monasterios coloniales, y el norte de Quito, con sus parques, anchos bulevares y centros comerciales de estilo europeo y norteamericano.

## EL HOTEL COTOPAXI
Con sus 200 habitaciones y con la mejor ubicación de la ciudad, brinda buen servicio, confort y atención personalizada.

## CLUB-PISCINA
Su actividad física se verá calmada con nuevas experiencias, al disfrutar de un lugar de verdadera inspiración, en la piscina y en los jardines, con una vista espectacular al Valle de Cumbayá. Nuestro baño turco, sauna y gimnasio lo esperan.

## RESTAURANTES
Alrededor de los jardines o dentro del hotel usted puede disfrutar, en cualquiera de nuestros restaurantes, de excelentes platos típicos ecuatorianos y europeos.

## BANQUETES Y CONVENCIONES
Nuestro hotel ofrece buenas facilidades y gran experiencia para la realización de sus convenciones y seminarios. Es un lugar tranquilo y bien situado, ideal para sus recepciones. Sus negocios se harán realidad en nuestro piso ejecutivo.

---

1. Quito:

    (a) situación geográfica _____

    (b) la vieja ciudad _____

    (c) el norte de la ciudad _____

2. El Hotel Cotopaxi: _____

3. Club-Piscina: _____

4. Restaurantes: _____

5. Banquetes y convenciones: _____

_____

¿Desea usted pasar unos días en este hotel? ¿Por qué?

_____

_____

### 1. Los mandatos de **usted** y de **ustedes**

**D.** ¿Qué instrucciones le da el/la agente de viajes al pasajero o a la pasajera? Escriba el mandato de **usted.**

MODELO: sacar un pasaporte
**Saque un pasaporte.**

1. hacer las reservas

_____

2. no olvidarse de confirmar su vuelo

_____

3. comprarse una guía turística del país

_____

4. conseguir cheques de viajero

_____

5. llegar al aeropuerto temprano

_____

6. facturar su equipaje inmediatamente

_____

7. esperar en la sala de espera

_____

8. al llegar, buscar la puerta nº 23

_____

9. no preocuparse por nada —todo está arreglado

_____

*Cuaderno de ejercicios escritos*

E. ¿Qué instrucciones les da el auxiliar de vuelo a los pasajeros?
Escriba el mandato de **ustedes.**

MODELO: sentarse
**Siéntense.**

1. abrocharse el cinturón de seguridad

   _____

2. apagar los aparatos electrónicos

   _____

3. descansar y escuchar música con los audífonos

   _____

4. ver la película

   _____

5. por favor, no fumar

   _____

6. no preocuparse por nada

   _____

7. disfrutar de su viaje

   _____

F. ¿Qué instrucciones les da usted a sus amigos que se van de
viaje? Escriba el mandato de **ustedes** y use el pronombre de
complemento directo apropiado.

MODELOS: llevar *la cámara*
**Llévenla.**
no llevar *efectivo*
**No lo lleven.**

1. hacer *las maletas* el día antes de salir

   _____

2. comprar *muchos rollos de película* en la tienda de cámaras

_____

3. no firmar *los cheques de viajero* de antemano

_____

4. llevar *la guía turística*

_____

5. poner *sus pasaportes* en las mochilas

_____

6. no llevar *los abrigos de invierno*

_____

7. empacar *los pantalones cortos*

_____

 **Bien dicho**   Los números ordinales

_____

**G.** Primero, indique en qué piso está la habitación según el número. Use el número ordinal. Luego, indique quién salió de la habitación y lo que dejó allí. Siga el modelo.

MODELO:   **La habitación de Alfonso está en el segundo piso. Salió de la habitación y dejó su cámara.**

Alfonso (2)

Camila (3)

Rubén (1)

WB   154

*Cuaderno de ejercicios escritos*

Copyright © 2001 John Wiley & Sons, Inc.

3.

Juanito y Elena (5)

4.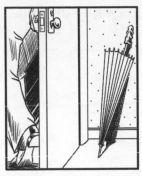

Yo (10)

1. _____

_____

2. _____

_____

3. _____

_____

4. _____

_____

### 2. El subjuntivo con expresiones de duda e incredulidad

**H.** Exprese sus dudas o reacciones a las circunstancias indicadas. Conteste las preguntas usando la expresión entre paréntesis. Use el subjuntivo o el indicativo en la segunda cláusula según la expresión.

MODELO: ¿Salimos pronto? (dudar)

**Dudo que salgamos pronto.**

¿Hay asientos? (estar seguro/a)

**Estoy seguro/a que hay asientos.**

1. ¿Hay una demora muy larga? (no creer)

_____

2. ¿Muestran películas en el vuelo? (dudar)

_____

3. ¿Siempre llega el equipaje a su destino? (no estar seguro/a)

_____

4. ¿Sirven jugo los auxiliares de vuelo? (estar seguro/a)

_____

5. ¿Va el vuelo directamente a Lima? (dudar)

_____

6. ¿Debemos confirmar el vuelo? (Sí, creer)

_____


I.  ¿Qué pasa o qué va a pasar en la vida de su mejor amiga o
    amigo? Exprese sus dudas, etc. Complete las oraciones.

    ¿Cómo se llama su mejor amiga/o? Se llama _____.

    1. Dudo que ella/él... _____.

    2. No estoy seguro/a que ella/él... _____.

    3. No creo que ella/él... _____.

    4. Estoy absolutamente seguro/a que ella/él... _____

    _____.


### 3.  El subjuntivo con expresiones impersonales

J.  Indique su reacción a las siguientes circunstancias. Use la
    expresión impersonal de la lista que sea la más apropiada.

    **Es bueno...    Es improbable...   Es extraño...**
    **Es urgente...   Es importante...   Es ridículo...**

    MODELO:   No *hay* azafatas en este vuelo.
              **Es ridículo que no *haya* azafatas en este vuelo.**

    1. Estoy muy contento/a. El vuelo *sale* en diez minutos.

    _____

    2. Pero... ¿dónde están mis amigos? No *están* aquí.

    _____

3. ¡Alguien me dijo que *llegan* en dos minutos!

_____

4. Me *traen* la maleta que dejé en casa.

_____

5. ¿*Pueden* subir al avión para dármela?

_____

6. ¡Tengo hambre! ¡Todos los restaurantes del aeropuerto
   *están* cerrados!

_____

**K.** Indique su reacción al dilema del avión sin piloto. Use las
expresiones siguientes y la imaginación.

**Es extraño que...   Es imposible que...   Es posible que...**
**Es horrible que...   Es una lástima que...**

_____

_____

_____

_____

## 4. El presente perfecto del subjuntivo

**L.** Vamos a hacer un viaje a México con nuestra clase de español. Salimos hoy. ¿Qué **espera** la profesora que hayamos hecho? Escriba oraciones con la siguiente información. Use el presente perfecto del subjuntivo.

MODELO:   (nosotros)/*levantarnos* temprano
**Espera que *nos hayamos levantado* temprano.**

1. (nosotros)/*hacer* las maletas

   Espera que... _____

2. Rubén/*confirmar* los vuelos

   _____

3. (tú)/*reservar* los asientos en el avión

   _____

4. (yo)/*recoger* las etiquetas de identificación

   _____

5. ustedes/*conseguir* las tarjetas de embarque

   _____

6. Esteban y Alfonso/no *olvidarse* de traer sus pasaportes

   _____

7. (nosotros)/*despedirnos* de nuestros amigos

   _____

**M.** Traduzca al español. Preste atención a los tiempos (*tenses*) diferentes.

1. She has lost her luggage.

   _____

2. It is a shame that they have not found it.

   _____

3. I hope that it arrives on the next flight.

   _____

*Cuaderno de ejercicios escritos*

**N.** Pablo y su amigo Jorge están en Ecuador. Pablo les escribe a sus amigas. Lea el mensaje. Luego, indique las cosas que usted **cree** que Pablo y Jorge **han hecho,** y las cosas que usted **duda** que **hayan hecho.** Use el presente perfecto (indicativo) o el presente perfecto del subjuntivo según su reacción.

---

De:  Pablo@ole.com
Para: Anita@ole.com, Lidia@ole.com, Elena@ole.com
CC:
Asunto: aventuras

Queridas amigas,
Jorge y yo les escribimos de Quito (estamos en un café-internet). Acabamos de pasar seis días increíbles en la selva amazónica, cerca de la frontera entre Ecuador y Colombia. Tuvimos tantas aventuras extraordinarias que no nos las van a creer. El primer día dimos una caminata por la selva primaria. Los árboles eran enormes y ¡comimos insectos vivos! Sé que no me van a creer. También navegamos en canoas de madera por un río muy tranquilo, y pescamos pirañas (después de nadar en el río con las pirañas). Esa noche las preparamos y las comimos. El tercer día vimos una anaconda de "muy" cerca. Estaba durmiendo, así que ¡la tocamos! Bueno, quizás exagero un poco. Mañana seguimos nuestro viaje en autobús, en camino a Perú. Les escribo otra vez en una semana. Chao, Pablo

---

1. Creo que... _____

   _____

   _____

2. Dudo que... _____

   _____

   _____

## Repaso general Capítulo 12

**O.** Conteste las preguntas con oraciones completas.

1. ¿Qué instrucciones quiere usted darle a su profesor/a de español? (Use el mandato de **usted.**)

   _____

2. ¿Qué duda usted que hagan sus amigos? (2 cosas)

   _____

3. ¿Qué espera usted que hayan hecho sus amigos? (2 cosas)

_____

4. Es urgente que su compañero/a de cuarto haga ciertas cosas. ¿Qué cosas?

_____

5. Es importante que sus padres hagan ciertas cosas. ¿Qué cosas?

_____

**P.** Antonio y Miguelito hicieron un viaje a Costa Rica y acaban de desembarcar en el Aeropuerto Internacional de Miami. Indique su reacción a la situación presentada en el dibujo. Use las siguientes expresiones:

**Es posible/imposible/probable/improbable/urgente que...**
**Dudo/Creo que...**

_____

_____

_____

_____

[Check your answers with those given in the *Answer Key* and make all necessary corrections with a pen or pencil of a different color.]

*Cuaderno de ejercicios escritos*

 **Internet Discovery**

**Study Abroad Links** http://www.studyabroadlinks.com/

Are you considering studying abroad? Which country would you like to visit and study in? **Study Abroad Links** provides links to study abroad programs throughout the world. You can search by country or by program type. To find Spanish study abroad opportunities, scroll down to "Study Abroad by Category" and click on *Language Study Abroad Programs*.

1. Click on *Guatemala*. Which school offers 25 hours per week of individual instruction? Which program has teachers who all have over 10 years experience?

   _____

2. Click on *Mexico*. What is O.L.E. and what do they offer?

   _____

3. Finally, click on *Spain*. Which program would you choose if you wanted to study Spanish near a beach?

   _____

# Capítulo 13
## Coches y carreteras

**Bien dicho**  Coches y carreteras

**A.**  Crucigrama

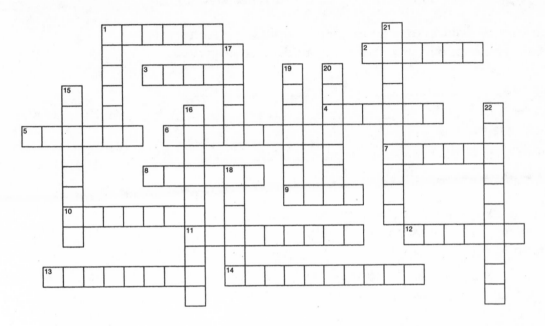

**Horizontal**

1. Pasar de un lado (*side*) al otro. Usamos un bote para... el río.

2. Continuar.

3. Lo que tenemos que pagar cuando manejamos demasiado rápido.

4. La estructura que usamos para cruzar el río.

5. Una carretera pequeña.

6. Un camino grande que seguimos para pasar de un estado a otro.

7. Necesito gasolina. Tengo que... el tanque.

8. Cuando la... está desinflada, tenemos que ponerle aire o cambiarla.

9. Lo que ponemos en la llanta.

10. En la estación de servicio debemos... el aceite.

11. No debemos doblar a la derecha. Debemos doblar a la...

12. Si no podemos seguir recto o derecho, tenemos que... a la izquierda o a la derecha.

13. La línea que divide dos países.

14. Debemos... el coche en el garaje.

(*continúa*)

**Vertical**

1. El vehículo grande que usamos para transportar cosas.
15. La luz que controla el tránsito.
16. La ventana delantera del coche.
17. Lo que tenemos que hacer cuando la luz del semáforo está en rojo.
18. Donde ponemos la gasolina.
19. Lo contrario de **izquierda.**
20. Sinónimo de **arreglar.**
21. La llanta necesita aire. Está...
22. Al entrar en el coche y sentarse, es necesario... el cinturón.

**B.** Describa sus hábitos como conductor/a (*driver*). Use el tiempo presente del verbo o el infinitivo, según la oración. Complete las oraciones usando los verbos y las expresiones siguientes:

**estacionar, abrocharme, acordarme, olvidarme, tener cuidado, tener prisa, ponerme impaciente, tratar de...**

1. Cuando _____ tengo _____ mucha _____,
   a veces (yo) _____ _____ de _____
   el cinturón.
2. Para no tener un accidente, debo _____ más
   _____ cuando manejo.
3. A veces _____ _____ _____
   cuando estoy detrás de una persona que maneja muy despacio. Si no hay una línea doble en el camino, con frecuencia _____ _____ pasar a la persona.
4. Al _____ el coche en el garaje, siempre _____
   _____ de apagar la radio.

**C.** Traduzca las direcciones al español.

1. Sir, continue straight ahead four blocks.

   _____

2. Turn to the right at the corner of Juárez and Morelos Streets.

   _____

3. Cross the bridge.

   _____

4. Go to the stoplight and turn to the left.

   _____

*Cuaderno de ejercicios escritos*

5. Park in front of (*opposite*) the library.

_____

**Bien dicho** ¡Reacciones!

D. Complete cada oración con una de las siguientes expresiones:
**¡Caramba! ¡Ay de mí! ¡Qué lío! ¡Qué lástima! ¡Qué suerte!**
A veces hay más de una respuesta posible.

1. ¡Llegué al concierto muy tarde y no pude encontrar un
   lugar de estacionamiento! Dije: "¡_____!"
2. Por llegar tarde, perdí la primera media hora del concierto.
   Dije: "¡_____!"
3. Al salir del concierto encontré $20. Dije:
   "¡_____!"
4. En la calle había mucha, mucha gente, dos accidentes y tres
   ambulancias. Dije: "¡_____!"
5. No pude recordar dónde estacioné el coche. ¡Busqué por
   media hora! Dije: "¡_____!"

## 1. El subjuntivo con referencia a lo indefinido o inexistente

E. Imagine que usted (**a**) es el representante de una compañía
   muy grande que necesita emplear (*employ*) a varios individuos
   de calificaciones específicas. Usted habla con dos empleados de
   una agencia de empleos. El primer empleado (**b**) siempre dice
   que conoce a personas con las calificaciones. El segundo
   empleado (**c**) siempre dice que no. Complete las oraciones con
   el verbo en el subjuntivo o el indicativo, según la oración.

   MODELO:   (hablar)   a) Busco una persona que **hable** ruso.
   
   b) Conocemos a una persona que
   **habla** ruso.
   
   c) Lo siento, pero no conocemos a
   nadie que **hable** ruso.

   1. (ser)
      a) Busco una persona que _____ experta en
         computación.
      b) Conocemos a una persona que _____
         experta en computación.
      c) Lo siento, pero no conocemos a ninguna persona que
         _____ experta en computación.

2. (llegar)
   a) Busco una persona que siempre _____ al trabajo a tiempo.
   b) Conocemos a una persona que siempre _____ al trabajo a tiempo.
   c) Lo siento, pero no conocemos a nadie que siempre _____ al trabajo a tiempo.

3. (poder)
   a) Busco una persona que _____ viajar a cualquier parte del mundo.
   b) Conocemos a una persona que _____ viajar a cualquier parte del mundo.
   c) Lo siento, pero no conocemos a nadie que _____ viajar a cualquier parte del mundo.

F. Un cliente llega a una estación de gasolina a las 11:00 de la noche. Complete el diálogo entre él y el empleado. Use el subjuntivo o el indicativo del verbo entre paréntesis, según la oración.

CLIENTE: Mi coche tiene problemas mecánicos muy serios. ¿Hay alguien aquí que (poder) _____ examinar el motor?

EMPLEADO: Sí, tenemos un mecánico que (saber) _____ reparar cualquier motor, y trabaja en el turno de la noche.

CLIENTE: Bueno. Y espero que (saber) _____ reparar los frenos también, porque no funcionan bien.

EMPLEADO: No se preocupe, señor. En dos o tres horas su carro va a estar en condiciones perfectas.

CLIENTE: ¿Dos o tres horas? ¿Hay algún restaurante por aquí que (servir) _____ comida a estas horas?

EMPLEADO: No hay ningún restaurante cerca de aquí que (servir) _____ comida, pero vendemos comida en la gasolinera.

CLIENTE: Bueno. Me compro algo mientras espero.

**G.** **¡Vamos a leer!** Lea el anuncio y conteste las preguntas.

¿Alguna vez ha perdido un amigo?

TOME LAS LLAVES.
LLAME UN TAXI.
TOME UNA POSICIÓN.

BUENOS AMIGOS NO DEJAN A SUS
AMIGOS MANEJAR BORRACHOS.

Ad Council  U.S. Department of Transportation

UN ESPACIO DONADO POR VEGA & ASSOCIATES AL SERVICIO DE LA COMUNIDAD HISPANA.

1. ¿Alguna vez ha perdido usted un/a amigo/a a causa de un accidente de automóvil?

   _____

2. ¿Conoce usted a alguien que haya perdido un/a amigo/a a causa de un accidente de automóvil?

   _____

3. Si un/a amigo/a suyo/a ha bebido demasiado o está borracho/a (*drunk*), ¿qué le dice usted?

   _____

## 2.  El futuro

**H.**  Indique lo que cada persona hará en preparación para un viaje en coche.

> MODELOS:  revisar el aceite/yo
> **Revisaré el aceite.**
> cambiar la batería/Jorge
> **Cambiará la batería.**

1. echarle gasolina al carro/yo

   _____

2. poner aire en las llantas/Jorge

   _____

3. comprar la comida para el viaje/Esteban y Roberto

   _____

4. conseguir un mapa/nosotros

   _____

5. buscar información acerca de lugares para acampar/María

   _____

6. encontrar a alguien que cuide al perro/yo

   _____

7. traer su tienda de campaña/Esteban y Roberto

   _____

8. dejar un itinerario con nuestros amigos/nosotros

   _____

I. Usted **(a)** le hace preguntas a su amigo/a para averiguar si él/ella hará ciertas cosas el próximo fin de semana. Él/Ella **(b)** le contesta a usted. Siga el modelo.

MODELO: ir al centro

    a) **¿Irás al centro?**

    b) **Sí, iré al centro.**

1. hacer ejercicio en el gimnasio

    a) _____

    b) _____

2. salir de la universidad

    a) _____

    b) _____

3. tener que trabajar

    a) _____

    b) _____

4. venir a mi fiesta

    a) _____

    b) _____

5. poder traer comida y bebidas

    a) _____

    b) _____

J. Imagine que usted está sentado/a frente a este adivino (*fortune-teller*). ¿Qué dice él de su futuro? Escriba cuatro pronósticos. Use el tiempo futuro.

## 3. El subjuntivo después de conjunciones temporales

**K.** ¿Cuándo vendrá a visitarlo su amigo? ¿Qué dice él? Escriba oraciones según el modelo.

MODELO:   (*reparar* mi coche)
   **Vendré a visitarte cuando repare mi coche.**

1. (*tener* menos trabajo)

   Vendré a visitarte _____

2. (*terminar* mi proyecto)

   _____

3. (Tomás y Susana *poder* venir conmigo)

   _____

4. (tú *mandarme* las direcciones a tu casa)

   _____

5. (tú *invitarme*)

   _____


**L.** Complete cada oración con la forma correcta del verbo entre paréntesis. Use el presente del subjuntivo o el pretérito, según la oración. Luego, traduzca **la primera** oración de cada serie al inglés.

1. (recibir)   Haré el viaje tan pronto como _____ el dinero.

   Hice el viaje tan pronto como _____ el dinero.

2. (llegar)   Esperé hasta que _____ mi pasaporte.

   Esperaré hasta que _____ mi pasaporte.

3. (decirme) Determinaré el itinerario después de que tu
_____ _____ qué lugares quieres
visitar.

Determiné el itinerario después de que tú
_____ _____ los lugares
que querías visitar.

**Traducciones**:

1. _____

2. _____

3. _____

**M.** Traduzca al español.

1. a) I will call them (*m.*) before leaving.

_____

b) I will call them before they leave.

_____

2. a) We will pack after washing the clothes.

_____

b) We will pack after you (*fam.*) wash the clothes.

_____

**Bien dicho**   ¡Viajemos por tren o en autobús!

**N.** Complete las oraciones con la palabra apropiada del
vocabulario.

1. Cuando queremos viajar por tren, vamos a la
_____ de _____.

2. ¡Debemos llegar temprano para no _____
el tren!

3. Cuando queremos comprar un boleto, vamos a la
_____.

4. Cuando queremos ir y volver, compramos un boleto de
_____ y _____.

5. Hay boletos de _____ clase y de _____ clase.

6. El hombre en la estación de ferrocarril que nos ayuda con las maletas es el _____.

7. Le damos una _____ cuando nos ayuda.

8. Antes de comprar comida, debemos ir al _____ para lavarnos las manos.

## 4. El subjuntivo después de conjunciones de condición y de finalidad

O. Imagine que usted y sus amigos están de viaje. ¿Qué van a hacer? Complete cada oración con la expresión que mejor le corresponda. No repita ninguna expresión.

**con tal que, para que, en caso de que, a menos que**

1. Vamos a llamar a nuestras familias _____ sepan dónde estamos.

2. No vamos a llamar con frecuencia _____ tengamos un problema.

3. Vamos a dejar números de teléfono _____ ellos quieran comunicarse con nosotros.

4. Vamos a volver a casa para el 31 de julio _____ no tengamos una demora o problemas mecánicos.

P. Complete las oraciones con la forma correcta del verbo entre paréntesis y una terminación lógica.

1. Voy a Cancún con tal de que (yo/conseguir...)

_____

2. No puedo ir a menos que (yo/recibir...)

_____

3. Voy a llevar mi sombrero grande en caso de que (hacer...)

_____

4. Voy a mandarte una tarjeta postal para que (tú/ver...)

_____

*Cuaderno de ejercicios escritos*

Q. Traduzca al español.

   1. We are going to the beach in order to rest and have a good time.

   _____

   2. We are going to the beach so that my younger brother can see the ocean.

   _____

**Estructura**

**5. Los mandatos de nosotros** (*Let's*)

R. Es sábado por la mañana y hace sol. Ha llegado la primavera. Indique lo que usted y sus amigos quieren hacer. Use las expresiones que siguen y el mandato de **nosotros**.

   MODELO: *levantarse*  **Levantémonos.**
   *salir* pronto  **Salgamos pronto.**

   1. *poner* las toallas y pelotas de vólibol en el coche

   _____

   2. *ponerse* los trajes de baño

   _____

   3. *desayunar* en camino a la playa

   _____

   4. *ir* a la playa

   _____

   5. al llegar a la playa, *jugar* al vólibol

   _____

   6. *nadar* en el mar

   _____

   7. *comer* en la playa

   _____

8. *divertirse*

_____

9. *volver* a la universidad el domingo

_____


**Repaso general** Capítulo 13

**S.** Conteste las preguntas con oraciones completas.

1. Usted está en la estación de servicio. ¿Qué le pide al empleado?

   *Le pido que...* _____

2. ¿Qué debe hacer usted antes de que termine el año académico?

   _____

3. ¿Qué hará usted tan pronto como empiecen las vacaciones?

   _____

4. ¿Qué hará usted después de graduarse?

   _____

5. Es viernes por la noche y usted se reúne con sus amigos. ¿Qué actividades quiere usted sugerir para todo el grupo? (Use el mandato de **nosotros.**)

   _____

**T.** Imagine que usted va a pasar un mes en una isla tropical.
   **a)** Indique tres cosas que usted llevará en caso de que...
   **b)** Indique tres cosas que usted hará tan pronto como llegue.
   **c)** Haga una breve comparación entre su estilo de vida en la
   isla y en casa. ¿Cuál es mejor? ¿Por qué?

_____

_____

_____

_____

_____

_____

[Check your answers with those given in the *Answer Key* and
make all necessary corrections with a pen or pencil of a
different color.]

## Internet Discovery

**Foreign Language Greeting Cards** **http://rats2u.com/calendar_ef/calendar_foreign.htm**

Do you have a Spanish-speaking pen pal? friend? boss? significant other? Send a greeting card in Spanish. Your instructor would love to hear from you!

1. Scroll down and from the pull-down menu, select *Spanish.* Then press *go.* What kind of card is *Amimosa flores?*

   ______________________________________________

2. Click on *Estampillas→chavas.* What do you think *chavas* means? What country is the host of this Web site?

   ______________________________________________

**Bien dicho** **Desafíos y oportunidades**

**A.** Crucigrama

**Horizontal**

1. Lo que comete el criminal.
2. Habitación o lugar donde una persona vive.
3. Jefe/Jefa o director/a de un grupo.
4. Conflicto armado. Lo contrario de **paz.**
5. Cuando demasiada gente vive en una ciudad o en un país, hay un problema de...

6. Cuando no hay trabajo para muchas personas, hay un problema de...
7. La conversación que tenemos con el gerente/la gerenta de una compañía cuando queremos obtener trabajo.
8. El alcohol, el tabaco, la marijuana y la cocaína son...
9. Sinónimo de **compañía.**

*(continúa)*

10. Una de las cuatro virtudes (*virtues*) cardinales, que inclina a darle a cada uno lo que le corresponde.

11. Lo contrario de **guerra.**

12. Un hombre que nace y vive en un país y tiene todos los derechos de ese país es...

13. Líquido que se obtiene por destilación o fermentación.

14. Una persona que trabaja para ayudar, sin recibir pago.

15. El documento que completamos para una empresa cuando solicitamos trabajo.

**Vertical**

2. Lo que los ciudadanos deben hacer cuando hay elecciones.

5. Sentir un dolor o una enfermedad.

10. Cabeza o presidente de una compañía.

16. Lo que hace el ladrón (*robber*).

17. Seleccionar una persona o cosa entre otras.

18. El cáncer es una... muy seria.

19. Regla (*Rule*) o norma constante e invariable de las cosas. Resolución del congreso.

20. Deseo ardiente o necesidad de comer.

21. Cuerpo político de la nación.

22. Personas sin hogar.

23. El acto de presentar una cosa o una idea para que se adopte.

24. La condición que existe cuando muchas personas no tienen las cosas que necesitan para sobrevivir (*survive*).

25. Planta americana que se usa para hacer cigarrillos.

26. Sería fenomenal si los médicos y científicos encontraran una... para el cáncer y el SIDA.

27. Estado en que el ser orgánico funciona normalmente. Tenemos buena... si no estamos enfermos.

B. ¿Qué **debemos** hacer? Escriba una oración combinando el verbo de la columna **A** con la información apropiada de la columna **B**.

**Debemos...**

| A | B |
|---|---|
| 1. votar | las causas que ayudan a la sociedad |
| 2. escoger | una cura para el cáncer, el SIDA, etc. |
| 3. apoyar | las comidas que son malas para la salud |
| 4. prevenir | la drogadicción |
| 5. evitar | por el/la mejor candidato/a |
| 6. encontrar | entre conservar el planeta o destruirlo |

1. Debemos votar... _____

2. _____

3. _____

4. _____

5. _____

6. _____

C.  **¡Vamos a leer!** Lea el siguiente artículo del *Diario de Yucatán* sobre "El alcohol y sus consecuencias". Luego, conteste las preguntas.

---

### El alcohol y sus consecuencias
Por el profesor Marcelo Pérez Rodríguez

El alcoholismo es uno de los problemas más graves de la sociedad, por ser la droga que más se consume, y porque sus efectos repercuten seriamente en el hogar, en el trabajo y en el ámbito social.

Los efectos del alcohol dependen de la cantidad ingerida y van desde la sensación de bienestar y la intoxicación hasta el estado de coma y la muerte. Una dosis pequeña produce relajación, una sensación de tranquilidad y leve disminución de los reflejos; una cantidad mayor— el doble de la anterior—provoca incoordinación en los movimientos, dificultades en el habla, juicio alterado y falta de control emocional; una dosis todavía mayor produce una clara intoxicación, trastornos del pensamiento y agresividad; con el doble de esta dosis se presenta el estado de coma y la muerte.

---

1. Según el artículo, ¿cuáles son los resultados de beber una cantidad mayor de alcohol?

   _____

   _____

2. En su opinión, ¿cuáles son los efectos negativos del alcohol en el hogar?

   _____

   _____

3. ¿Y en el trabajo?

   _____

   _____

4. ¿Y en el ámbito social (*social circles*)?

   _____

   _____

## 1. El imperfecto del subjuntivo

**D.** Indique lo que las personas deseaban. Complete cada oración con la forma correcta del verbo en el imperfecto del subjuntivo.

1. Mi amiga trabajaba para *Green Peace*.
   Ella quería que **yo...**

   (reciclar el papel) _____.

   (no desperdiciar el agua) _____.

   (plantar unos árboles) _____.

   (proteger los animales) _____.

2. Tu amigo trabajaba para la *Asociación Americana contra Cáncer*.
   Él recomendó que **tú...**

   (no fumar) _____.

   (no tomar bebidas alcohólicas) _____.

   (hacer ejercicio) _____.

   (no comer mucha carne) _____.

3. Otra amiga trabajaba para *Amnistía Internacional*.
   Ella insistía en que **nosotros...**

   (luchar por los derechos humanos) _____.

   (escribir muchas cartas) _____.

   (no olvidarnos de los prisioneros) _____.

   (mandar dinero) _____.

4. Otra amiga trabajaba para la *Cruz Roja*.
   Ella les pidió a sus amigos que **ellos...**

   (ir al lugar del desastre) _____.

   (ser voluntarios) _____.

   (preparar comida) _____.

   (darles ropa a los niños) _____.

*Cuaderno de ejercicios escritos*

E. Cambie las oraciones para indicar que las acciones ocurrieron en el pasado. El primer verbo se cambia al imperfecto y el segundo al imperfecto del subjuntivo.

MODELO: *Es* importante que los participantes *se registren* para la conferencia.

**Era importante que los participantes se registraran para la conferencia.**

1. *Dudo* que ellos *tengan* reservaciones.

_____

2. *Quieren* que el hotel *esté* cerca del capitolio.

_____

3. *Buscan* un hotel que *sea* económico.

_____

4. *Esperan* que la conferencia *llame* atención a los problemas de la economía.

_____

_____

5. *Es* urgente que todo el mundo *lea* las noticias cada día.

_____

F. Exprese sus reacciones y esperanzas (*hopes*) en las siguientes situaciones. Complete las oraciones de una manera original.

1. Anoche, en la biblioteca, yo dudé que los estudiantes _____.

2. En el restaurante, deseaba que el camarero _____.

3. En la peluquería, temía que el peluquero _____.

4. En el quiosco, quería que el vendedor _____.

5. En el banco, era necesario que la cajera _____.

6. En el almacén, sugerí que la dependienta _____.

7. En la estación de servicio, era urgente que el empleado _____.

8. En el aeropuerto, me recomendaban que _____.

9. En el hotel, esperaba que el botones _____

...esperaba que el recepcionista _____

...y esperaba que la criada _____

## 2. El pluscuamperfecto del subjuntivo

**G.** Indique que usted se alegró de que las siguientes cosas **hubieran ocurrido.**

MODELO: *Encontraron* al criminal.

**Me alegré de que *hubieran encontrado* al criminal.**

1. La empresa nueva *tuvo* éxito en su primer año.

_____

2. Los líderes *firmaron* el acuerdo de paz.

_____

3. Los voluntarios les *dieron* de comer a los desamparados.

_____

4. Mi amiga *trabajó* de voluntaria en una clínica rural.

_____

5. Los estudiantes *construyeron* una casa con la organización *Habitat para la Humanidad.*

_____

_____

6. El gobierno *pasó* una ley en contra de la discriminación.

_____

7. El presidente *propuso* un plan para prevenir la violencia contra la mujer.

_____

*Cuaderno de ejercicios escritos*

H. Traduzca al español.

1. I wanted my friend (*f.*) to go with me.

_____

2. I doubted that she had traveled to South America.

_____

### 3. El condicional

I. Imagine que usted y sus amigos tienen un trabajo nuevo.
¿Qué **dijo** su gerente? Escriba oraciones según el modelo. Use
el condicional.

MODELO:  decir/(nosotros) firmar los contratos el viernes 5
**Dijo que firmaríamos los contratos el viernes 5.**

1. decir/(nosotros) empezar a trabajar el lunes 8

_Dijo que..._____

2. decir/(Pablo y Lidia) conocer a la jefa mañana

_____

3. decir/(yo) tener que trabajar tarde los miércoles

_____

4. decir/(Carmen) poder salir del trabajo temprano y
completarlo en casa

_____

5. decir/(tú) aprender a usar las máquinas nuevas sin
problema

_____

6. decir/(yo) recibir un aumento de salario en tres meses

_____

7. decir/(Elena y Anita) hacer una variedad de cosas interesantes en el trabajo

_____

8. decir/(a nosotros) gustarnos mucho trabajar para su compañía

_____


**J.** ¿Qué haría usted en los siguientes lugares? Escriba oraciones usando el condicional. Use la imaginación.

MODELO: en Alaska

**Viviría en un iglú, comería mucho pescado,...**

1. en Puerto Rico

_____

2. en los Andes

_____

3. en la selva amazónica

_____

4. en el desierto Sahara

_____

## 4. Cláusulas con si

**K.** Indique las condiciones y los resultados de las siguientes situaciones imaginarias. Cambie el primer verbo al imperfecto del subjuntivo y el segundo al condicional.

MODELO: si (yo) *poder/ayudar* a los desamparados

**Si yo *pudiera, ayudaría* a los desamparados.**

1. si (nosotros) *tener* el dinero/*dárselo* a los pobres

_____

*Cuaderno de ejercicios escritos*

2. si (yo) *ser* presidente/*resolver* los problemas de nuestro país

_____

3. si (yo) *ser* dictador/a del mundo/*eliminar* la pobreza

_____

4. si (nosotros) *poder* proteger el medio ambiente/*hacerlo*

_____

5. si (nosotros) *estar* en la selva Amazonas/no *destruir* el bosque tropical

_____

_____

6. si mi familia *vivir* al lado de un río/¡no *poner* basura en el río!

_____

**L.** Antonio y Miguelito están contemplando las estrellas. ¿Cuáles son sus fantasías? Escriba cuatro oraciones usando la construcción **si yo...** + imperfecto del subjuntivo...

## 5. El subjuntivo con ojalá

**M.** Indique sus deseos. Escriba oraciones usando **Ojalá que...**
y el imperfecto del subjuntivo.

MODELO:  (ganar la lotería)
**Ojalá que ganara la lotería.**

1. (tener un coche nuevo)

   _____

2. (poder viajar por todo el mundo)

   _____

3. (saber hablar cinco lenguas)

   _____

4. (ser famoso/a)

   _____

5. (conocer bien todas las regiones de este país)

   _____

6. (estar en Hawaii)

   _____

7. (*original*)

   _____


## Repaso general Capítulo 14

**N.** Conteste las preguntas con oraciones completas.

1. Durante su primer año en la universidad, ¿qué quería
   usted que hiciera o no hiciera su compañero/a de
   cuarto/apartamento?

   _____

   _____

*Cuaderno de ejercicios escritos*

2. ¿Qué sugerían sus profesores que hiciera usted?

_____

_____

3. Si usted tuviera la oportunidad de viajar a cualquier (*any*)
parte del mundo, ¿adónde viajaría usted? ¿Y qué haría allí?

_____

_____

4. ¿Bajo qué condiciones estaría usted contentísimo/a?

Estaría contentísimo/a si...

_____

_____

O. Indique: **a)** lo que temía Antonio, **b)** lo que sentían Antonio y
Miguelito y **c)** los deseos de ellos y de usted para mejorar
nuestro mundo.

_____

_____

_____

_____

[Check your answers with those given in the *Answer Key* and
make all necessary corrections with a pen or pencil of a
different color.]

**MundoHispano: the Spanish Language learning MOO**
http://www.umsl.edu/~moosproj/mundo.html

MundoHispano is a Spanish language MOO.* MOO stands for
<u>M</u>UD (multi-user domain), <u>O</u>bject <u>O</u>riented. In other words, it's lots
of users coming together in a virtual world for the same purpose.

"MundoHispano was developed by Lonnie Turbee (aka *Colega*)
and Mike Mudge. Most importantly, however, MundoHispano is a
community of native speakers of Spanish from around the world,
teachers and learners of Spanish, and computer programmers, all
of whom volunteer their time and talent to make this a dynamic
virtual world."

Why not sign up? Scroll down and read *How do I get started?*
Then you'll be ready to go!

*Cuaderno de ejercicios escritos*

# LABORATORY MANUAL

SIXTH EDITION

# Dicho y hecho

*Beginning Spanish*

# Capítulo 1
## Nuevas caras, nuevas perspectivas

 **Bien dicho**   Nuevas caras, nuevas perspectivas

**A.   Las presentaciones.** Repeat each expression. Follow the numbers on the illustrations so that you will know who is speaking.

### 1. Los pronombres personales, ser y ser + de

**B.** **¿De dónde son los estudiantes?** Octavio talks about diversity at his university. He tells where several of his friends are from. Connect the person with the country he mentions. Then listen again and fill in the blank with the correct form of the verb **ser**.

Octavio dice (*says*):

| | |
|---|---|
| Yo _____ | de Francia |
| Anita y yo _____ | de Puerto Rico |
| Roberto _____ | de Argentina |
| Tomás y Tania _____ | de los Estados Unidos |
| Susana _____ | de España |
| Tú _____ | |

*Manual de laboratorio*

## 2. Preguntas y declaraciones afirmativas y negativas

**C.** **¿Sí o no?** Based on the cartoon, can you predict the probable personality traits of Antonio and Julia? Answer the six yes/no questions in complete sentences. Listen for confirmation.

Antonio      Julia

MODELO:    You hear:     ¿Es Antonio romántico?

               You say:       **Sí, es romántico.**

               Confirmation:    Sí, es romántico.

               or

               You hear:     ¿Es Julia sentimental?

               You say:       **No, no es sentimental.**

               Confirmation:    No, no es sentimental.

 **Bien dicho**    **Los saludos, el bienestar y la despedida**

**D.** **Los saludos.** You will hear a short formal conversation, followed by a short informal conversation. Repeat each phrase.

**E.** **Los saludos y las presentaciones.** Each greeting, question, or expression will be read twice. Write a logical response to each.

1. _____

2. _____

3. _____

4. _____

5. _____

6. _____

*Nombre:*

*Fecha:*

*Clase:*

### 3.  Adjetivos de nacionalidad

**F.  Las nacionalidades.** Indicate the nationality of each person according to the city where he or she comes from. Listen for confirmation and repeat the correct response.

> MODELO:    You hear:       El señor Montgomery es de Londres.
>
> You say:        **Es inglés.**
>
> Confirmation:   Es inglés.
>
> You repeat:     **Es inglés.**

### 4.  Los días de la semana

**G.  Los días de la semana.** Listen to the following conversations in which students talk about their weekly schedules and activities. As you listen, write the day of the week that corresponds to each class or activity.

1. El laboratorio de biología de Paula se reúne los

    _____.

2. La clase de música de José se reúne dos días por semana: los _____ y los _____.

3. Martín y Tomás van a (*are going to*) jugar al tenis el _____ por la tarde.

4. La fiesta es el _____ por la noche.

**Bien dicho**  **Los números del 0 al 59**

**H.  Los números al 59.** Circle the numbers that you hear.

0, 1, 2, 3, 4, 5, 6, 7, 8, 9, 10,

11, 12, 13, 14, 15, 16, 17, 18, 19,

20, 23, 30, 35, 40, 48, 50, 59

Now repeat each circled number.

*Manual de laboratorio*

I. **El fútbol americano.** Listen to the radio announcer as he gives the scores for four games. Write the score for each team in the box provided.

La Universidad de Nuevo México: ☐

La Universidad de Illinois: ☐

La Universidad de Arizona: ☐

La Universidad de Colorado: ☐

La Universidad de Tejas A y M: ☐

La Universidad de Virginia: ☐

La Universidad de California, Los Ángeles: ☐

La Universidad de San Diego: ☐

 **5. ¿Qué hora es?**

J. **¿Qué hora es?** Tell the time on each clock. Listen for confirmation.

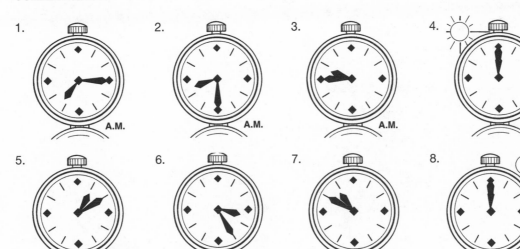

K. **¿A qué hora?** Listen to Linda's class schedule for Mondays. Jot down the time she attends each class.

| LOS LUNES | HORARIO DE CLASES |
|---|---|
| | BIOLOGÍA |
| | MATEMÁTICAS |
| | INGLÉS |
| | HISTORIA |
| | LABORATORIO DE BIOLOGÍA |

## 6. Las fechas

**L. El día de la independencia.** In the Hispanic world, the dates for celebrating independence day vary from country to country. Repeat the name of each Hispanic country and locate it on the map. In the blanks provided, jot down the day and month that each celebrates its independence day.

MODELO:   You hear:    Puerto Rico
          You repeat:  **Puerto Rico** (and locate it on the map)
          You hear:    el 4 de julio
          You write:   *el 4 de julio*

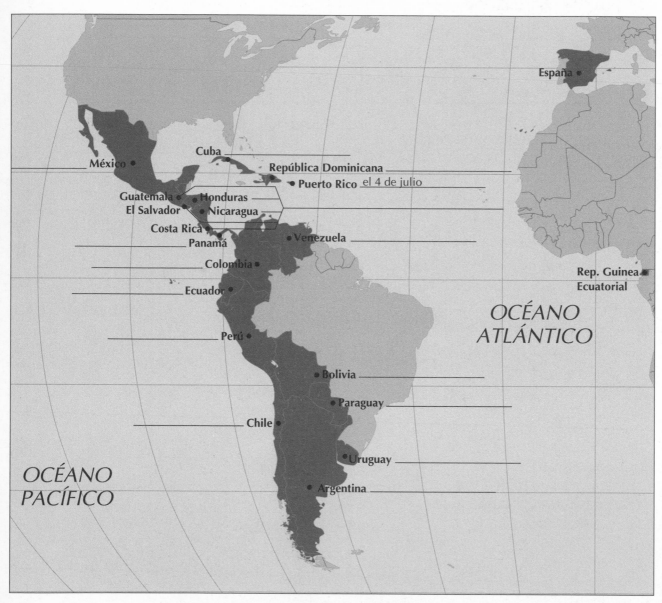

*Manual de laboratorio*

# Capítulo 2
## La universidad de hoy

**Bien dicho** La universidad de hoy

**A.** **En el laboratorio y en la clase de español.** Identifique cada (*each*) objeto. Siga (*Follow*) los números. Escuche (*Listen to*) la confirmación y repita la palabra.

LM 7

**B. Compulandia García.** Escuche lo que ofrece Compulandia García. Mientras escucha (*As you listen*), complete el anuncio (*ad*) con la información que falta (*that is missing*).

_____
**Memorias**
**Scanners**
_____
_____ **Duros**
**Módems**
**Multimedia**
_____
**Impresoras a** _____

Garantizamos nuestro equipo.
Asistencia técnica 24 horas.

**OFICINA CENTRAL: AVENIDA 25 MIAMI 33427**
**http://www.garciacompu/usa.com**
**SUCURSALES: MÉXICO, _____ , ARGENTINA, _____ , ISRAEL**

### 1. Hay para expresar *there is* o *there are*

**C.** ¿Cuántas (*How many*) hay? La directora del laboratorio indica el número de cada cosa (*each thing*) que hay en el laboratorio. Escriba el número.

Hay _____ computadoras.

Hay _____ grabadoras con audífonos.

Hay _____ videograbadoras.

Hay _____ pantallas en aulas grandes.

Hay _____ impresoras y _____ fotocopiadoras.

### 2. Artículos y sustantivos

**D.** **Instrucciones.** Usted es profesora o profesor de español. Deles (*Give*) instrucciones a los estudiantes. Use el artículo definido (**el, la, los, las**) que corresponde a cada palabra. Repita la respuesta correcta.

MODELO: Usted oye: preguntas

Usted dice: **Escriban las preguntas.**

Confirmación: Escriban las preguntas.

Usted repite: **Escriban las preguntas.**

**E.** ¿Qué hay en la clase de español? Diga (*Say*) los objetos que hay en la clase. Use los artículos indefinidos **un** o **una.** Repita la respuesta correcta.

MODELO: Usted oye: mesa

Usted dice: **Hay una mesa.**

Confirmación: Hay una mesa.

Usted repite: **Hay una mesa.**

## 3. Ir + a + destino

**F.** **¿Adónde van?** Tres grupos de estudiantes conversan. Escuche las tres conversaciones. Mientras escucha (*As you listen*), marque con una **X** los lugares (*places*) adónde van los estudiantes.

1. ☐ al gimnasio
   ☐ a la cafetería
   ☐ a la librería

2. ☐ a la residencia estudiantil
   ☐ a la biblioteca
   ☐ al laboratorio de química

3. ☐ a casa
   ☐ al centro estudiantil
   ☐ a la oficina de la profesora Murphy

*Listening Hint:* In this and all listening comprehension exercises, you may find it useful to listen to each selection 3 times: the first time to become familiar with it, the second to write your answers, and the third to check your answers.

**G.** **Preguntas personales.** Conteste las preguntas con oraciones completas.

| | | |
|---|---|---|
| MODELOS: | Usted oye: | ¿Vas a la librería esta tarde? |
| | Usted dice: | **Sí, voy a la librería esta tarde.** *o* |
| | | **No, no voy a la librería esta tarde.** |
| | Confirmación: | Sí, voy a la librería esta tarde. *o* |
| | | No, no voy a la librería esta tarde. |
| | | |
| | Usted oye: | Tú y tus amigos, ¿van a la cafetería ahora? |
| | Usted dice: | **Sí, vamos a la cafetería ahora.** *o* |
| | | **No, no vamos a la cafetería ahora.** |
| | Confirmación: | Sí, vamos a la cafetería ahora. *o* |
| | | No, no vamos a la cafetería ahora. |

## 4. El presente de los verbos regulares de -ar

**H.** **El horario** (*schedule*) **de Natalia.** Escuche
el horario de Natalia. Complete el horario
con la información que falta (*that is missing*).

| ¿CUÁNDO? | ACTIVIDAD |
|---|---|
| | llega a la universidad |
| 8:30 | |
| | va a clase |
| al mediodía | |
| | trabaja |
| 6:00 | |
| | estudia |

**I.** **Actividades de los estudiantes universitarios.** Imagine que
usted participa en todas las siguientes (*following*) actividades.
Diga (*Say*) que otras personas también (*also*) participan en las
actividades. Escuche la confirmación.

MODELO:   Usted oye:     Trabajo por la noche.

             Usted oye:     (Pedro)

             Usted dice:    **Trabaja por la noche.**

             Confirmación:  Trabaja por la noche.

             Usted oye:     (nosotros)

             Usted dice:    **Trabajamos por la noche.**

             Confirmación:  Trabajamos por la noche.

**J.** **Natalia y Esteban.** Conteste las preguntas según los dibujos.
Escuche la confirmación.

1.

Natalia

2.

Esteban

**5.** **El presente de los verbos regulares de -er e -ir; hacer y salir**

**K.** **Dos estudiantes de la Universidad del Caribe.** Susana y Tania asisten a la Universidad del Caribe. Susana habla de la vida universitaria. Mientras usted escucha la narración de Susana, escriba el verbo que corresponde a cada actividad.

Susana dice (*says*):

Tania y yo _____ a una universidad muy buena —la

Universidad del Caribe. _____ en un apartamento, pero

(*but*) _____ en la cafetería de la universidad.

_____ ingeniería civil. Las clases son difíciles, y

siempre hay mucha tarea, pero todos los fines de semana

_____ con nuestros amigos. Con frecuencia

_____ a las discotecas.

**L.** **Las actividades académicas.** Imagine que usted participa en todas las siguientes actividades. Diga que otras personas también participan en las actividades. Siga el modelo.

| | | |
|---|---|---|
| MODELO: | Usted oye: | Los estudiantes aprenden todo el vocabulario. |
| | Usted oye: | (yo) |
| | Usted dice: | **Aprendo todo el vocabulario.** |
| | Confirmación: | Aprendo todo el vocabulario. |
| | Usted oye: | (Alberto) |
| | Usted dice: | **Aprende todo el vocabulario.** |
| | Confirmación: | Aprende todo el vocabulario. |

**M.** **Preguntas para usted.** Escriba respuestas para las seis preguntas siguientes. Conteste con oraciones completas. Cada pregunta se repite dos veces (*two times*).

1. _____

2. _____

3. _____

4. _____

5. _____

6. _____

# Capítulo 3
# Entre familia

**Bien dicho**  Entre familia

A.  **Un álbum de fotos.** Exprese la relación entre las personas según las fotos de la familia. Siga los números.

NOÉ y LUCÍA,      JULIA y ANDRÉS   ANTONIO y ELISA
                        ANA              RODOLFO
             JUANITO y ELENA            TEO

ANDRÉS y JULIA

ANDRÉS y JULIA

ELENA, NOÉ y JUANITO

RICARDO, JUANITO y TERE

JUANITO

ELENA

 **Bien dicho**   Algunas profesiones y vocaciones

**B.   Algunas profesiones.** Según los dibujos, identifique la
profesión de cada persona. Repita la respuesta correcta.

1.

señor Vega

2.

señora Vega

3.

Dr. López

4.

señorita Rojas

5.

señor Gómez

*Manual de laboratorio*

C. **Anuncios de empleo.** Primero, escuche y lea los siguientes anuncios de empleo (*job ads*). Luego, escuche la descripción de cada persona. Conecte con una línea el nombre de la persona y el trabajo que probablemente va a solicitar.

1. Laura González
2. Pedro Sánchez
3. Pablo Caputo
4. Fernanda Blanco
5. Ana Rojas

**ASISTENTES DE MARKETING**
relacionadores públicos.

Entrevista personal,
lunes 20 de julio,
de 10:00 a 13:00 hrs.
y de 16:00 a 18:00 hrs. en
Av. 11 de Septiembre,
1987, piso 10, oficina 120.

**CONTADOR/A AUDITOR/A**

con experiencia y
recomendaciones para
Administración y Finanzas.
Enviar currículum
a Fax: **2-27-52-84**

**PROFESORA DE AEROBICS**

*Urgente necesito.
Presentarse lunes de
8:30 en adelante.*

Zapatillo 85,
San Bernardo. 8-58-43-21

**DISEÑADOR/A GRÁFICO/A**
**(OPERADOR/A MACINTOSH)**
con experiencia mínima
2 años en scanner y
matricería digital.

**Enviar currículum a
Fonofax: 8-56-12-87**

**PROFESOR/A DE COMPUTACIÓN**

laboratorio multimedia,
disponibilidad inmediata.
Currículum personalmente.
Avenida Colón 36715, la Cisterna.

**Bien dicho: Los números del 60 al 100**

D. **Los números del 5 al 100.** Diga el número. Escuche la confirmación.

5, 10, 15, 20, 25, 30, 35, 40, 45, 50,

55, 60, 65, 70, 75, 80, 85, 90, 95, 100

## 1. Tener y tener... años

**E. Los cumpleaños.** Escuche la conversación. Anita y su amiga hablan del cumpleaños de Anita y de cuántos años tienen ella, su abuela y sus bisabuelas. Mientras escucha, marque con una **X** la edad (*age*) de cada persona.

1. Anita cumple...  ☐ 20 años  ☐ 21 años

2. Su abuela favorita cumple...  ☐ 65 años  ☐ 55 años

3. Una de sus bisabuelas tiene...  ☐ 75 años  ☐ 85 años

4. Su otra (*other*) bisabuela tiene...  ☐ 87 años  ☐ 97 años

**F. ¿Cuántos años tienen?** Escriba respuestas para las cuatro preguntas siguientes. Conteste con oraciones completas. Cada pregunta se repite dos veces.

1. _____

2. _____

3. _____

4. _____

## 2. Los adjetivos posesivos

**G. Vamos a la reunión.** Indique con quién cada persona va a la reunión.

MODELO:  Usted oye:  ¿Con quién vas a la reunión?

Usted oye:  (tíos)

Usted dice:  **Voy con mis tíos.**

Confirmación:  Voy con mis tíos.

Usted oye:  (padre)

Usted dice:  **Voy con mi padre.**

Confirmación:  Voy con mi padre.

**3. Los adjetivos descriptivos**

H.  **Descripciones.** Conteste las preguntas para describir a las personas en los dibujos.

1.

Javier

Pepita

2.

Octavio   Alfonso

3.

Noé

Juanito

4.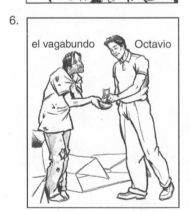

el payaso

Natalia

5.

Esteban

Natalia

6.

el vagabundo   Octavio

7.

Inés

el ogro

8.

el ogro

Camila

### 4. Estar + lugar

**I. ¿Dónde están?** Imagine que usted y sus amigos están en las siguientes fotos. Conteste las preguntas para indicar dónde están ustedes. Repita la respuesta correcta.

MODELO:   Usted oye:          ¿Dónde está Ricardo?
          Usted dice:         **Ricardo está en la escuela.**
          Confirmación:       Ricardo está en la escuela.
          Usted repite:       **Ricardo está en la escuela.**

1.

2.

3.

4.

**5. Estar + condición**

J. **¿Quién habla? ¿Y cómo está?** Identifique quién habla según la descripción. Luego, escriba la palabra que mejor describa la condición de la persona.

MODELO: Usted oye: Tengo mucha tarea y un examen mañana.

Usted oye: ¿Quién habla?
Usted dice: **Natalia.**
Confirmación: Natalia.
Usted oye: ¿Cómo está?
Usted dice: **Está muy ocupada.**
Confirmación: Está muy ocupada.
Usted escribe: *...ocupada*

Está muy *ocupada*.

1.

Está muy _____.

2.

Está muy _____.

3.

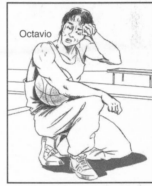

Está muy _____.

4.

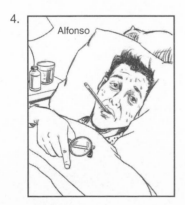

Está muy _____.

5.

Está muy _____.

6.

Está muy _____.

**K.   Una de mis personas favoritas.** En el espacio en blanco, escriba el nombre de una de sus (*your*) personas favoritas. Escuche cada palabra o frase descriptiva. Marque **sí** o **no** con un círculo para indicar si (*if*) la descripción corresponde a la persona o no. Escriba la palabra o frase descriptiva en la columna apropiada. Escuche la confirmación.

MODELO:   Usted oye:        amable
          Usted marca:    **sí** y escribe *amable* en la columna **es.**
          Confirmación:   Sí, es amable.

*Una de mis personas favoritas es:* _____

|            | es     | está |
|------------|--------|------|
| (sí)  no   | amable |      |
| sí    no   |        |      |
| sí    no   |        |      |
| sí    no   |        |      |
| sí    no   |        |      |
| sí    no   |        |      |
| sí    no   |        |      |

**L.   Preguntas para usted.** Escriba respuestas para las cinco preguntas siguientes. Conteste con oraciones completas. Cada pregunta se repite dos veces.

1. _____

2. _____

3. _____

4. _____

5. _____

# Capítulo 4
## ¡Comer es vivir!

---

**Bien dicho** ¡Comer es vivir!

**A.** **En el mercado central.** Repita cada palabra. Siga los números. También (*Also*) conteste las preguntas.

**B.** **¿Cuáles son las comidas que previenen el cáncer?** Escuche la lista. Marque con un círculo cada (*each*) comida que se menciona.

Ahora, examine las comidas marcadas con un círculo. ¿Cuántas (*How many*) come usted con frecuencia?
Escriba el número: _____

*cabbage*

*Manual de laboratorio*

## 1. Verbos con cambios en la raíz

C. **Los hábitos y las preferencias de Elena.** Escuche las cuatro conversaciones entre (*between*) Ricardo y Elena. Marque con una **X** los hábitos y las preferencias **de Elena.** Luego, escuche las conversaciones otra vez para confirmar sus respuestas.

1. Elena duerme:  ☐ bien  ☐ mal

☐ de 8 a 9 horas  ☐ 5 horas

2. Elena almuerza:  ☐ en la cafetería  ☐ en el centro estudiantil

3. Elena prefiere:  ☐ la comida de McDonald's  ☐ la comida de Olive Garden

4. Elena y sus amigas piden:  ☐ la pizza con ajo y cebollas  ☐ la pizza con jamón y piña

D. **Querer y poder.** Conteste las siguientes preguntas. Marque con un círculo la forma correcta del verbo de **la respuesta.** Escuche la confirmación.

MODELO:  Usted oye:  ¿Quieres almorzar ahora?

Usted dice:  **Sí, quiero almorzar ahora.** *o*

**No, no quiero almorzar ahora.**

Usted marca:  (quiero)  quieres  quiere

queremos  quieren

Confirmación:  Sí, quiero almorzar ahora. *o*

No, no quiero almorzar ahora.

1. quiero  quieres  quiere  queremos  quieren

2. quiero  quieres  quiere  queremos  quieren

3. quiero  quieres  quiere  queremos  quieren

4. puedo  puedes  puede  podemos  pueden

5. puedo  puedes  puede  podemos  pueden

6. puedo  puedes  puede  podemos  pueden

E. **Más comida y las bebidas.** Identifique las comidas y las bebidas según los dibujos. Siga los números.

A.
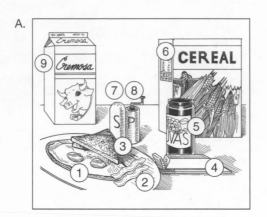

B.

C.

D.

E.

F.

F. **El desayuno en un restaurante mexicanoamericano.** Escuche la conversación siguiente. Mientras escucha, marque con una **X** las comidas y las bebidas que el hombre y la mujer ordenan (*order*).

Ella desea:
- ☐ un yogur de fresa
- ☐ huevos fritos
- ☐ pan tostado con mantequilla
- ☐ jugo de naranja
- ☐ café

- ☐ un yogur de vainilla
- ☐ huevos revueltos
- ☐ pan tostado sin mantequilla
- ☐ jugo de manzana
- ☐ té

Él desea:
- ☐ huevos fritc
- ☐ tocino
- ☐ café con crema        ·ar
- ☐ jugo de naranja

- ☐ huevos rancheros
- ☐ salchicha
- ☐ café sin crema y azúcar
- ☐ agua

## 2. Ir + a + infinitivo

G. **¿Qué van a hacer?** Escuche el problema de cada persona. Luego, identifique lo que (*what*) cada persona va a hacer. Dibuje una línea para conectar la persona y la acción que le corresponda. Escuche la confirmación.

1. yo
2. Tina
3. Tomás y Miguel
4. Alfonso
5. yo
6. Linda y Manuel

a. Van a hablar.
b. Va a almorzar.
c. Voy a desayunar.
d. Va a estudiar esta noche.
e. ¡Van a salir!
f. Voy a tomar un refresco.

**H.** **En el mercado.** Imagine que usted está en el mercado y quiere comprar varias cosas. Primero, mientras escucha, escriba los precios **(pesos el kilo)** en el letrero.

**ESPECIAL DEL DÍA**

tomates_____/k.
papas_____/k.
cebollas_____/k.
uvas_____/k.
fresas_____/k.
pescado_____/k.
camarones_____/k.

Luego, escuche la combinación de legumbres, frutas o mariscos que usted va a comprar. Calcule y apunte el precio. Escuche la confirmación.

1. _____    2. _____

3. _____    4. _____

5. _____    6. _____

### 4. Gustar

**I.** **¡Me gusta!** Conteste las preguntas para indicar lo que les gusta a las personas mencionadas en las preguntas. Repita la respuesta correcta.

MODELO:  Usted oye:   ¿Le gustan a usted las fresas?
Usted dice:  **Sí, me gustan las fresas.** *o*
             **No, no me gustan las fresas.**
Confirmación:  Sí, me gustan las fresas. *o*
               No, no me gustan las fresas.
Usted repite:  **Sí, me gustan las fresas.** *o*
               **No, no me gustan las fresas.**

*Manual de laboratorio*

## 5. Palabras interrogativas (Un resumen)

**J. Solicitando información.** Escuche la pregunta. Marque con un círculo la pregunta correspondiente que solicita más información. Escuche la confirmación y repítala.

> MODELO: Usted oye: La señora Martínez no es la profesora.
> Usted marca: ⟨¿Quién es la profesora?⟩
> ¿Quiénes son los profesores?
> Confirmación: ¿Quién es la profesora?
> Usted repite: **¿Quién es la profesora?**

1. ¿Dónde está?               ¿De dónde es?

2. ¿Adónde va?                ¿Dónde vive?

3. ¿Cuál es su ciudad favorita?    ¿En qué ciudad está?

4. ¿Cuántos hijos tiene?        ¿Cuántas hijas tiene?

5. ¿Cuánto trabaja?           ¿Cuándo trabaja?

6. ¿Por qué estudia?          ¿Qué estudia?

7. ¿Adónde va?               ¿De dónde es?

**K. Preguntas para usted.** Escriba respuestas para las cinco preguntas siguientes. Conteste con oraciones completas. Cada pregunta se repite dos veces.

1. _____

2. _____

3. _____

4. _____

5. _____

# Capítulo 5
## ¿Qué quieres hacer hoy?

**Bien dicho**    ¿Qué quieres hacer hoy?

A.   **Un sábado por la tarde.** Es sábado por la tarde y muchas personas están en el parque. Según el dibujo, indique el pasatiempo o el deporte que le gusta a cada persona. Siga los números.

*Listening Hint:* In Exercise B that follows and in all listening
comprehension exercises you may find it useful to listen to
each selection 3 times: the first time to become familiar with
it, the second to write your answers, and the third to check
your answers.

*Manual de laboratorio*

**B.** **Gimnasio-Club Deportivo.** ¿En qué actividades del club quieren participar Alicia, Elena y Pablo? Escuche los intereses o deseos de ellos y escriba una **A** (Alicia), una **E** (Elena) o una **P** (Pablo) al lado de (*beside*) las probables actividades favoritas de cada (*each*) uno.

## GIMNASIO-CLUB DEPORTIVO

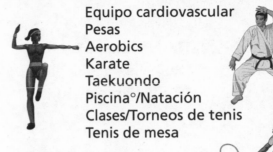

Equipo cardiovascular
Pesas
Aerobics
Karate
Taekuondo
Piscina°/Natación
Clases/Torneos de tenis
Tenis de mesa

*swimming pool*

Abierto lunes–viernes 6:00 A.M.–10:00 P.M.
sábado, domingo 8:00 A.M.–6:00 P.M.
Avenida del Mar, 10097

 **Bien dicho**   **El cuerpo humano**

**C.** **¿Es usted artista?** Complete la cara y dibuje el cuerpo de George según las instrucciones ¡Escuche bien!

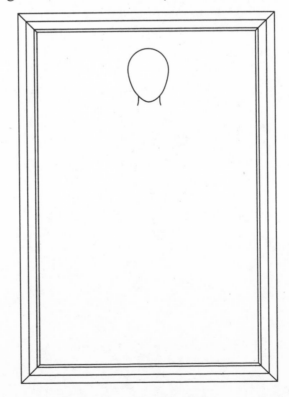

**D.** **Linda y Manuel están enamorados.** Diga lo que hace Manuel y lo que hace Linda. Use la **a** personal. Repita la confirmación.

MODELO: Usted dice: **Manuel ama a Linda.**
Confirmación: Manuel ama a Linda.
Usted repite: **Manuel ama a Linda.**

Manuel/amar

1.

Manuel/besar

2.

Linda/abrazar

3.

Linda/llamar

4.

Manuel/buscar

**2. Verbos con la forma de yo irregular**

E. ¿Qué hace Pepita? ¿Y usted? Según los dibujos, conteste las preguntas para indicar lo que Pepita hace todos los días. Luego, conteste la pregunta personal.

MODELO:  Usted oye:  ¿Qué hace Pepita por la mañana?

Usted dice:  **Hace ejercicio.**

Confirmación:  Hace ejercicio.

Usted oye:  ¿Hace usted ejercicio por la mañana?

Usted dice:  **Sí, hago ejercicio por la mañana.** *o*

**No, no hago ejercicio por la mañana.**

1.

2.

3.

4.

**F. Preguntas para usted.** Escriba respuestas para las cinco preguntas siguientes. Conteste con oraciones completas. Cada pregunta se repite dos veces.

1. _____

2. _____

3. _____

4. _____

5. _____

## 3. Tener ganas de..., tener que... y más

**G. Preferencias y obligaciones.** Primero, identifique a la persona que corresponda a la descripción. Luego, conteste las preguntas acerca de (*about*) esa persona. Indique si probablemente **tiene que/debe** o **tiene ganas de** hacer lo que está haciendo.

1.

Natalia

2.

Esteban

3.

Rubén

4.

Linda

Respuestas personales:

Yo debo _____.

Tengo que _____.

Tengo ganas de _____.

### 4. El tiempo y las estaciones

H. ¿Qué tiempo hace? ¿Qué estación es? Según los dibujos, indique el tiempo y la estación. Repita la respuesta correcta.

MODELO: Usted oye: ¿Qué tiempo hace?
Usted dice: **Hace sol.**
Confirmación: Hace sol.
Usted repite: **Hace sol.**
Usted oye: ¿Y cuál es la estación?
Usted dice: **Es verano.**
Confirmación: Es verano.
Usted repite: **Es verano.**

1.

2.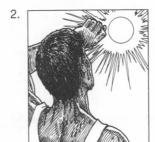

3.

4.

5.

6.

**5. El presente progresivo**

I. ¿Qué están haciendo? Según los dibujos, indique lo que las personas **están haciendo.**

1.

2.

3.

4.

5.

6.

Respuesta personal:

Estoy _____.

*Manual de laboratorio*

**6. Hacer para expresar tiempo**

**J.** **¿Cuánto tiempo hace?** Responda según los dibujos y según la información presentada.

MODELO:  Usted oye:      ¿Qué está haciendo Inés?

Usted dice:     **Está tocando el piano.**

Confirmación:  Está tocando el piano.

Usted oye:      ¿Hace cuánto tiempo que toca el piano?

Usted dice:     **Hace media hora que toca el piano.**

Confirmación:  Hace media hora que toca el piano.

media hora

1.

dos horas

2.

una hora

3.

veinte minutos

4.

una hora y media

5.

tres horas

Respuesta personal:

Hace...

# Capítulo 6
## ¡Vamos al centro!

**Bien dicho**   ¡Vamos al centro!

**A.**   **¡Vamos al centro!** Conteste las preguntas. Siga los números.

 **1.  El pretérito**

**B.  En el centro.** Imagine que usted y varios de sus amigos fueron al centro. ¿Qué hicieron? Cambie el verbo según la persona indicada.

| MODELO: | Usted oye: | Fuimos al centro. |
|---|---|---|
| | Usted oye: | (mis amigos) |
| | Usted dice: | **Fueron al centro.** |
| | Confirmación: | Fueron al centro. |
| | Usted oye: | (yo) |
| | Usted dice: | **Fui al centro.** |
| | Confirmación: | Fui al centro. |

**C.** **¿Qué hizo usted ayer?** Conteste las preguntas. Marque con un círculo **Sí** o **No, no** y escriba la forma de **yo** del verbo en el espacio en blanco. Escuche la confirmación.

MODELO:    Usted oye:              ¿Jugaste al tenis?
           Posible respuesta:    **Sí, jugué al tenis.**
           Usted marca y escribe:  Sí, *jugué* al tenis.
           Confirmación:          Sí, jugué al tenis.

1. **Sí,   No, no** _____ en la cafetería.
2. **Sí,   No, no** _____ mucho.
3. **Sí,   No, no** _____ al centro estudiantil.
4. **Sí,   No, no** _____ mi cuarto.
5. **Sí,   No, no** _____ con mis amigos.

**D.** **Las actividades de Javier.** Según los dibujos, describa las actividades de Javier y de su hermano menor. Conteste las preguntas con oraciones completas. Repita la confirmación.

E.  **Bilbao, España.** Imagine que su amiga visitó la ciudad de
Bilbao en España. En el mapa, marque con un círculo los
lugares que ella visitó. Atención a las direcciones
mencionadas: **sur** = *south*, **sureste** = *southeast*, **oeste** = *west*.

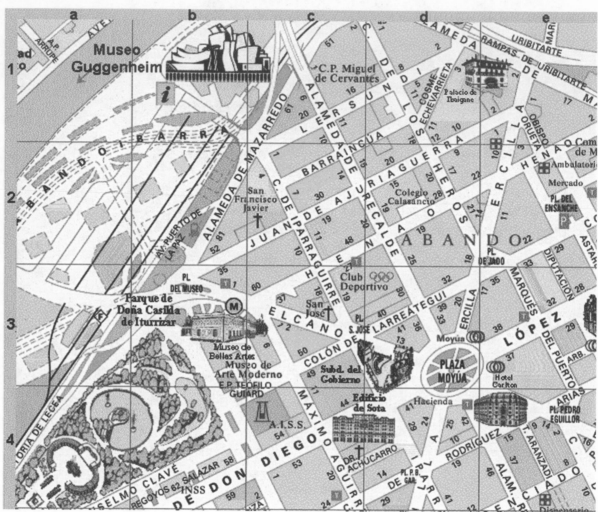

*Manual de laboratorio*

## **Bien dicho** En la oficina de correos

**F.** **En la oficina de correos.** Conteste las preguntas según los dibujos. Repita la respuesta correcta.

1.
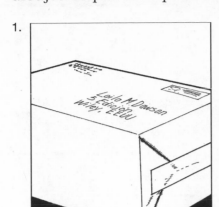

2.

3.
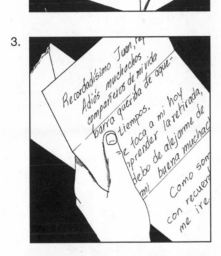

4.

5.

## 2. Verbos con cambios en la raíz en el pretérito

**G.** **¿Qué pasó?** Complete las oraciones para indicar lo que pasó en los lugares indicados. Refiérase a los dibujos.

MODELO: Usted oye: En el laboratorio, Carmen y Natalia...

Usted dice: **...repitieron los verbos.**

Confirmación: ...repitieron los verbos.

repetir

1. pedir

2. pedir

3. preferir

4. (no) dormir

**H.** **Preguntas para usted.** Escriba respuestas para las cinco preguntas siguientes. Conteste con oraciones completas. Cada pregunta se repite dos veces.

1. _____

2. _____

3. _____

4. _____

5. _____

**Bien dicho**   El dinero y el banco

**I.** **¿Qué hizo con el dinero?** Juan Fernando ganó $3000 el verano pasado. Escuche para saber lo que él hizo con el dinero, y complete el cuadro con la información que falta.

| CATEGORÍAS | % |
|---|---|
| Ahorró | |
| | 15% |
| Pagó las cuentas | |
| | 25% |
| | |

### 3.   Pronombres de complemento directo

**J.** **La fiesta de Elena.** ¿A quién invitó Elena a su fiesta? Conteste la pregunta y complete la oración con el pronombre de complemento directo apropiado.

MODELO:   Usted oye:         ¿Tú vas a la fiesta?
              Usted dice:       **Sí, Elena me invitó.**
              Usted escribe:   Sí, Elena *me* invitó.
              Confirmación:    Sí, Elena me invitó.

1. Sí, Elena _____ invitó.

2. Sí, Elena _____ invitó.

3. Sí, Elena _____ invitó.

4. Sí, Elena _____ invitó.

5. Sí, Elena _____ invitó.

6. Sí, seguro que voy. Elena _____ invitó.

**K. El dinero.** Imagine que su padre le hace preguntas a usted. Conteste de una manera afirmativa. Marque con un círculo el pronombre de complemento directo que usted usa en su respuesta.

MODELO:   Usted oye:        ¿Ahorraste el dinero que te di?
          Usted dice:       **Sí, lo ahorré.**
          Usted marca:      (lo) la los las
          Confirmación:     Sí, lo ahorré.

1. lo   la   los   las

2. lo   la   los   las

3. lo   la   los   las

4. lo   la   los   las

5. lo   la   los   las

6. lo   la   los   las

 ## 4.   Palabras afirmativas y negativas

**L. Los ladrones** (*robbers*). Un hombre y una mujer caminan por una calle oscura del centro de una ciudad. Escuche el episodio con mucha atención. Luego, marque con una **X** la respuesta correcta para cada pregunta.

1. ☐  hay alguien                ☐  no hay nadie

2. ☐  oye algo                   ☐  no oye nada

3. ☐  hay alguien                ☐  no hay nadie

4. ☐  hay algunos ladrones       ☐  no hay ningún ladrón

5. ☐  el hombre y la mujer       ☐  los hombres de la
                                     Avenida 8

*Manual de laboratorio*

## Capítulo 7
## ¿Qué hay en tu guardarropa?

 **Bien dicho**   ¿Qué hay en tu guardarropa?

A.   **La ropa.** Según los dibujos, indique lo que las personas llevan y lo que usted ve en los escaparates de la tienda. Siga los números. Repita la respuesta correcta.

**B.** **¿Qué debe usted llevar?** Escuche los dos pronósticos del tiempo. Marque con una **X** las cosas que usted debe llevar ese día.

**Pronóstico nº 1**

| | sí | no |
|---|---|---|
| impermeable | ☐ | ☐ |
| pantalones cortos | ☐ | ☐ |
| paraguas | ☐ | ☐ |
| suéter | ☐ | ☐ |
| sandalias | ☐ | ☐ |

**Pronóstico nº 2**

| | sí | no |
|---|---|---|
| abrigo | ☐ | ☐ |
| pantalones cortos | ☐ | ☐ |
| botas | ☐ | ☐ |
| sandalias | ☐ | ☐ |
| camiseta | ☐ | ☐ |

*Manual de laboratorio*

C. **Lo nuevo para la primavera.** Escuche el anuncio de la tienda Cristina. Mientras escucha, apunte los precios de la ropa o los accesorios.

*Sombrero de paja, $___*
*Camiseta sin manga, $___*
*Jeans de la marca Herrero, $___*

*De la colección Cristina,*
*chaqueta $___ Falda $___*

*Pantalones de la marca Liz, $___*
*Camisa de la marca George, $___*

*Bikini de la marca Caribe, $___*

**LO NUEVO PARA LA PRIMAVERA**

**CRISTINA**
la tienda para ti

Escuche la siguiente descripción de dos chicas —Dulce y María. Según la descripción, ¿qué ropa o accesorios del anuncio van a comprar ellas?

• Marque con una **D** lo que va a comprar Dulce.
• Marque con una **M** lo que va a comprar María.

D.  **Un gran contraste.** Conteste las preguntas para indicar
cómo es la ropa que lleva Esteban y la que lleva Octavio.
Marque con una **X** la respuesta correcta. Escuche la
confirmación.

ESTEBAN

1. ☐ está limpia      ☐ está sucia

2. ☐ largos      ☐ cortos

3. ☐ de poliéster      ☐ de algodón

OCTAVIO

4. ☐ está limpia      ☐ está sucia

5. ☐ de manga larga      ☐ de manga corta

6. ☐ es cara      ☐ es barata

### 1. Los demostrativos

**E. Las joyas.** Imagine que usted va de compras en la joyería La Perla. Diga lo que le gusta. Use los pronombres demostrativos según los modelos. Siga los números. Marque con un círculo el pronombre demostrativo apropiado.

MODELO: Usted oye:       collar

Usted dice:      **Me gusta ese collar.**

Usted marca:   (ese) esa  esos  esas

Confirmación:  Me gusta ese collar.

1. ese  esa  esos  esas        6. este  esta  estos  estas
2. ese  esa  esos  esas        7. este  esta  estos  estas
3. ese  esa  esos  esas        8. este  esta  estos  estas
4. ese  esa  esos  esas        9. este  esta  estos  estas
5. ese  esa  esos  esas

Nombre:

Fecha:

Clase:

### 3. Los adjetivos y pronombres posesivos

**F.** **¿De quién es?** Alfonso y Rubén están en la lavandería. ¿De quién es la ropa que está allí? Conteste las preguntas según los modelos. Siga los números.

MODELO:     Usted oye:       Ese suéter, ¿es tuyo?

                Usted dice:       **No, no es mío.**

                Confirmación:    No, no es mío.

                Usted oye:       Pues, ¿de quién es?

                Usted dice:       **Es de Alfonso.**

                Confirmación:    Es de Alfonso.

Alfonso                 Rubén

MODELO:     Usted oye:       Ese suéter, ¿es de Alfonso?

                Usted dice:       **Sí, es suyo.**

                Confirmación:    Sí, es suyo.

### 4. Otros verbos irregulares en el pretérito

**G.** **¡Hay mucha tarea!** ¿Qué hicieron usted y sus amigos? Cambie el verbo según la persona indicada.

MODELO:     Usted oye:       Anoche tuve que estudiar.

                Usted oye:       (Ana)

                Usted dice:       **Tuvo que estudiar.**

                Confirmación:    Tuvo que estudiar.

                Usted oye:       (nosotros)

                Usted dice:       **Tuvimos que estudiar.**

                Confirmación:    Tuvimos que estudiar.

**H. Una fiesta para el cumpleaños de Carmen.** Conteste las preguntas según los dibujos. Escuche la confirmación. Escriba el verbo de la respuesta en el espacio en blanco.

MODELO:    Usted oye:    ¿Qué compraron Inés y Camila?

                  Usted dice:    **Compraron algunos regalos.**

                  Confirmación:    Compraron algunos regalos.

                  Usted escribe:    *Compraron*

*Compraron...*

1.

_____ ...

2.

La _____ ...

3.

_____ ...

4.

Sí, los _____ .

5.

_____ que salir...

**I. Preguntas para usted.** Escriba respuestas para las cuatro preguntas siguientes. Conteste con oraciones completas. Cada pregunta se repite dos veces.

1. _____

2. _____

3. _____

4. _____

## 5. Pronombres de complemento indirecto

**J. La generosa tía Sonia.** Indique que todas las personas de su familia están muy contentas porque la tía Sonia, que vive en Australia, les mandó regalos magníficos. Escriba el pronombre de complemento indirecto en el espacio en blanco. Escuche la confirmación.

MODELO:  Usted oye:      Su hermano está muy contento, ¿verdad?

Usted dice:     **Sí, porque la tía Sonia le mandó un regalo.**

Usted escribe:  *le*

Confirmación:   Sí, porque la tía Sonia le mandó un regalo.

**La tía Sonia...**

1. _____ mandó...

2. _____ mandó...

3. _____ mandó...

4. _____ mandó...

5. _____ mandó...

6. _____ mandó...

**K. Dos amigos hablan.** José y Susana están en la clase de español. Hablan mientras esperan a la profesora. Escuche las tres conversaciones. Al final de cada conversación, marque con una **X** la respuesta que corresponde a la conversación.

1. Susana... ☐ Le prestó el coche. ☐ No le prestó el coche.

2. Susana... ☐ Le mostró las fotos a la profesora. ☐ No le mostró las fotos a la profesora.

3. Pedro... ☐ Le devolvió el CD a José. ☐ No le devolvió el CD a José.

### 6. **Hacer** para expresar *ago*

**L. ¿Cuánto tiempo hace?** ¿Cuánto tiempo hace que usted hizo las siguientes cosas? Conteste las cuatro preguntas personales. Complete las respuestas con las palabras que faltan (*that are missing*). Use la construcción **hace + días/semanas/meses** o **años.** Cada pregunta se repite dos veces.

MODELO: Usted oye: ¿Cuánto tiempo hace que usted se graduó de la escuela secundaria?

Usted escribe: Hace *dos años* que *me gradué* de la escuela secundaria.

1. Hace _____ que _____ a estudiar español.

2. Hace _____ que _____ a manejar.

3. _____ _____ que hablé con mi madre/padre.

4. _____ _____ que _____ a mi mejor amigo/a.

# Capítulo 8
## La naturaleza y el medio ambiente

 **Bien dicho**   La naturaleza y el medio ambiente

A.   **El campo y la naturaleza.** Identifique lo que usted ve en los dibujos. Siga los números. Repita la respuesta correcta.

**B.** **¿Playa o montañas?** Escuche las dos descripciones siguientes —una de la playa y la otra de las montañas. Mientras escucha, escriba una lista de algunas de las actividades que correspondan a cada lugar. Luego, escuche otra vez, y escriba más actividades para completar su lista.

| La playa: el lugar para vacacionar por excelencia | En la montaña: ¡vacaciones de altura! |
|---|---|
| | |

Copyright © 2001 John Wiley & Sons, Inc.

*Manual de laboratorio*

### 1.   Verbos similares a gustar

**C.   Mis gustos.** Conteste las preguntas para indicar sus gustos e intereses personales.

> MODELO:   Usted oye:         ¿Le fascinan a usted las tormentas?
> Usted dice:       **Sí, me fascinan.** *o*
> **No, no me fascinan.**
> Confirmación:   Sí, me fascinan. *o*
> No, no me fascinan.

### 2.   Los pronombres de complemento directo e indirecto

**D.   ¡Sí, te lo devolví!** Una amiga suya le hace preguntas a usted. Contéstelas según el modelo. Repita la respuesta correcta.

> MODELO:   Usted oye:         ¿Me devolviste las fotos?
> Usted dice:       **Sí, te las devolví.**
> Confirmación:   Sí, te las devolví.
> Usted repite:    **Sí, te las devolví.**
> Usted oye:         ¿Y la calculadora?
> Usted dice:       **Sí, te la devolví.**
> Confirmación:   Sí, te la devolví.
> Usted repite:    **Sí, te la devolví.**

**E. Regalos de Costa Rica.** Conteste las preguntas para indicar que Octavio les regaló las cosas indicadas a sus amigas. Escuche la confirmación. Luego, escriba los pronombres apropiados en el espacio en blanco para completar la oración.

MODELO: Usted oye: ¿Quién le regaló la camiseta a Natalia?

Usted dice: **Octavio se la regaló.**

Confirmación: Octavio se la regaló.

Usted escribe: *se la*

Octavio *se la* regaló.

1. Octavio _____ _____ regaló.

2. Octavio _____ _____ regaló.

3. Octavio _____ _____ regaló.

Octavio _____ _____ regaló también.

**F.   Los efectos de la contaminación.** Escuche lo que ocurre a causa de la contaminación. Mientras escucha, busque la sección del dibujo que corresponda a la descripción y escriba el número correspondiente en el círculo. (Palabras útiles: **envenenar** = *to poison*; **envenenado/a** = *poisoned*.)

MODELO:   Usted oye:        1 La fábrica contamina el aire.
                Usted escribe:   *1* en el círculo apropiado (Vea el dibujo.)

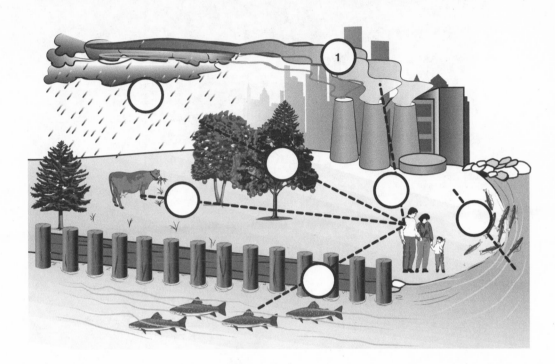

### 3.   El imperfecto

**G.   En la playa.** ¿Qué hacía usted en la playa cuando era niño o niña? ¿Y las otras personas? Cambie el verbo según la persona indicada. Repita la respuesta correcta.

MODELO:   Usted oye:          Iba a la playa.
                Usted oye:          (mis amigos)
                Usted dice:        **Iban a la playa.**
                Confirmación:   Iban a la playa.
                Usted repite:     **Iban a la playa.**

**H. La abuela y el abuelo.** Los abuelos vivían en una casa en el campo. Describa la escena. Cambie las oraciones del presente al imperfecto. Siga los números. Repita la respuesta correcta.

MODELO: Usted oye: Hace frío.
Usted dice: **Hacía frío.**
Confirmación: Hacía frío.
Usted repite: **Hacía frío.**

**I. Preguntas para usted.** Escriba respuestas para las cuatro preguntas siguientes. Conteste con oraciones completas. Cada pregunta se repite dos veces.

1. _____

2. _____

3. _____

4. _____

### 4. Comparaciones de igualdad

**J. Son iguales.** Haga las comparaciones según los dibujos. Use **tan... como, tanto/a... como** o **tanto como** según la oración. Repita la respuesta correcta.

Javier/su amigo

MODELO:    Usted oye:        Javier es alto.
           Usted dice:       **Es tan alto como su amigo.**
           Confirmación:     Es tan alto como su amigo.
           Usted repite:     **Es tan alto como su amigo.**

1.

Camila/su hermana

2.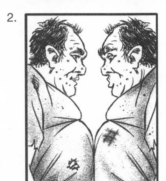

el ogro/su amigo

3.

Natalia/Rubén

4.

Pepita/Esteban

Nombre:

Fecha:

Clase:

## 5.  Comparaciones de desigualdad y los superlativos

**K.**  **Silvia y Noé.** Escuche las cuatro conversaciones entre Silvia y Noé. Conteste las preguntas. Marque con una **X** la respuesta correcta.

1. Silvia es...

☐ mayor que Noé.          ☐ menor que Noé.

2. La nota de Silvia es...

☐ mejor que la nota de Noé.          ☐ peor que la nota de Noé.

3. Silvia ganó...

☐ más dinero que Noé.          ☐ menos dinero que Noé.

4. Silvia escaló la montaña...

☐ más rápido que Noé.          ☐ menos rápido que Noé.

**L.**  **Preguntas para usted.** Escriba respuestas para las cuatro preguntas siguientes. Conteste con oraciones completas. Cada pregunta se repite dos veces.

1. _____

2. _____

3. _____

4. _____

*Manual de laboratorio*

# Capítulo 9
## Casas y otras cosas

### Bien dicho   Casas y otras cosas

**A.   En el hogar.** Complete las oraciones para identificar lo que hay en el hogar. Siga los números. Repita la respuesta correcta.

**B. En Miami.** Lea y escuche los tres anuncios siguientes. Luego, escuche la descripción de las tres personas. Decida qué casa o apartamento cada persona va a comprar o alquilar y marque el número al lado del nombre de la persona.

Juan Alberto Sánchez _____

Rosa María Casanova _____

César Rodolfo Chávez _____

1.

**¡GRAN VENTA!**

*Espaciosa casa de dos pisos*
*4 dormitorios*
*3 1/2 baños*
*cocina grande*
*comedor formal*
*garaje doble*
*$214.600*

**Oeste de Palm Ave.**
**Llame al 450-9818**

2.

**¡VÉALO HOY!**

Apartamento
1 dormitorio
1 baño
amueblado
terraza
piscina
canchas de tenis
$600 al mes, sin depósito
Llámenos

**MASTER REALTY**
**532-2909**

3.

**NUEVO CONDOMINIO**

3 dormitorios
2 baños
refrigerador nuevo
alfombrado
terraza
$80,000

**Ave. Norte**
**Llame al 329-0034**

*Manual de laboratorio*

**Bien dicho** Los quehaceres domésticos

**C.** **Los quehaceres domésticos.** Según los dibujos, diga quién hizo las siguientes cosas. Use el tiempo pretérito. Repita la respuesta correcta.

MODELO: Usted oye: ¿Qué hizo Alfonso?

Usted dice: **Hizo la cama.**

Confirmación: Hizo la cama.

Usted repite: **Hizo la cama.**

Usted oye: ¿Y Javier?

Usted dice: **Pasó la aspiradora.**

Confirmación: Pasó la aspiradora.

Usted repite: **Pasó la aspiradora.**

1.

2.

3.
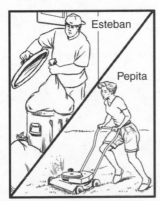

*Capítulo 9 Casas y otras cosas* LM 67

**D.** **¿Qué hacían?** Según los dibujos, indique lo que hacían las personas cuando alguien o algo los interrumpió. Conteste las preguntas y repita la respuesta correcta.

MODELO:  Usted oye:  ¿Qué hacía el profesor cuando Carmen entró en el laboratorio?

Usted dice:  **Navegaba por Internet.**

Confirmación:  Navegaba por Internet.

Usted repite:  **Navegaba por Internet.**

1.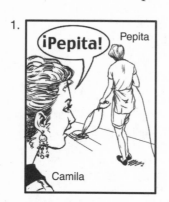

2.

3.

E.  **En el pasado.** Diga lo que usted **hacía** antes (habitualmente) y
    lo que usted **hizo** ayer o anoche. Escuche la confirmación.
    Escriba el verbo en el espacio en blanco.

MODELO:     Usted oye:          (antes/jugar al tenis)
            Usted dice:         **Antes, jugaba al tenis.**
            Confirmación:       Antes, jugaba al tenis.
            Usted escribe:      *jugaba*
            Usted oye:          (ayer)
            Usted dice:         **Ayer, jugué al tenis.**
            Confirmación:       Ayer, jugué al tenis.
            Usted escribe:      *jugué*

   ANTES                        AYER/ANOCHE

1. _____           _____

2. _____           _____

3. _____           _____

4. _____           _____

F.  **Preguntas para usted.** Escriba respuestas para las cuatro
    preguntas siguientes. Conteste con oraciones completas. Cada
    pregunta se repite dos veces.

1. _____

2. _____

3. _____

4. _____

G. **¿Dónde están los gatos?** Según el dibujo, diga dónde está cada gato. Siga los números.

H. **¿Dónde está la araña?** A Juanito le encantan las arañas. En el cuarto de Juanito dibuje una araña en cada uno de los lugares indicados.

MODELO:   Usted oye:        Hay una araña encima de la cama.
          Usted dibuja:     *una araña encima de la cama*
                            (Ya hay una. ¿La ve usted?)

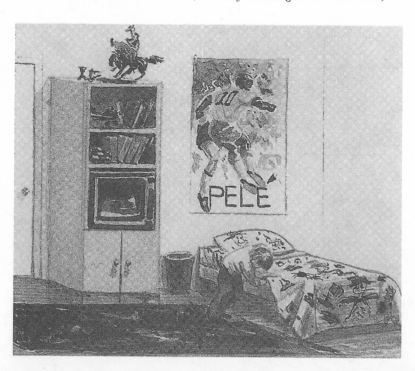

4. Para y por

**I.** **¿Para qué?** Los estudiantes indicados van a lugares diferentes.
Diga para qué.

MODELO: Usted oye: Ana va a la biblioteca. ¿Para qué?
Usted dice: **para estudiar**
Confirmación: para estudiar

**J.** **El viaje de Carmen.** Conteste las preguntas según los dibujos y
según el modelo. Preste atención a las preposiciones **por** y
**para.** Repita la frase preposicional.

MODELO: Usted oye: ¿Para qué compañía trabaja
Carmen?
Usted dice: **para ATyP**
Confirmación: para ATyP
Usted repite: **para AtyP**

# Capítulo 10
## La vida diaria

![bien dicho icon] **Bien dicho**  La vida diaria

**A.** **En la residencia estudiantil.** Según los dibujos, diga lo que hace cada persona. Siga los números. Repita la respuesta correcta.

MODELO:  Usted oye:  quitarse el suéter
Usted dice:  **Se quita el suéter.**
Confirmación:  Se quita el suéter.
Usted repite:  **Se quita el suéter.**

**B. Las cosas que necesita Juanita.** Diga lo que Juanita necesita según la actividad. Busque el objeto en la lista y márquelo con el número que le corresponde.

MODELO:  Usted oye:  1. Juanita va a secarse. ¿Qué necesita?
Usted escribe:  *1* al lado de **la toalla**
Confirmación:  la toalla

\_\_\_ la navaja   \_\_\_ el secador de pelo

\_\_\_ las tijeras   \_\_\_ la pasta de dientes

*1* la toalla   \_\_\_ el champú

**C. Una dentista habla.** Escuche la opinión de una dentista acerca de los cepillos de dientes eléctricos versus los manuales. Al final, marque con una **X** la opinión que mejor represente la opinión de la dentista.

La opinión de la dentista es que...

☐ los cepillos eléctricos son mejores.

☐ los cepillos manuales son mejores.

☐ los dos son buenos —lo importante es el uso adecuado.

### 1. Los usos de los verbos reflexivos

**D. El horario de Natalia.** Natalia tiene un horario muy detallado. Escuche su horario. Mientras escucha, complete el horario con la información que falta.

| ACTIVIDAD | HORA |
|---|---|
| *se despierta* | |
| | 7:15 |
| *se baña* | |
| | 7:40 |
| *va a clase* | |
| | 12:30 |
| *hace ejercicio* | |
| | 6:00 |
| | |

Ahora, imagine que el horario es el suyo también. Diga lo que usted hace en su rutina diaria. Sustituya la hora apropiada para usted.

MODELO: Usted oye:     Se despierta a las 7:00.
Usted dice:     **Me despierto a las 9:00.**
Confirmación:  Me despierto a las...

**E. La rutina de Juan José.** ¿Qué hizo Juan José? Responda según los dibujos. Luego, escriba el verbo en el espacio en blanco.

*Se levantó* a las 7:00.

| MODELO: | Usted oye: | levantarse |
|---|---|---|
| | Usted dice: | **Se levantó a las 7:00.** |
| | Confirmación: | Se levantó a las 7:00. |
| | Usted escribe: | *Se levantó* a las siete. |

1.

_____.

2.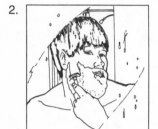

_____.

3.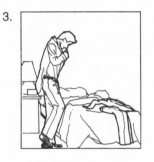

_____.

4.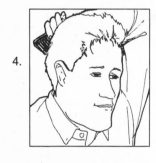

_____.

5.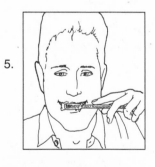

los dientes.

6.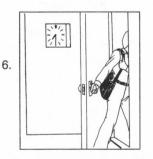

corriendo a las 7:30.

*Manual de laboratorio*

F.  **Esta mañana.** Conteste las preguntas personales.

> MODELO:  Usted oye:      ¿Se despertó usted temprano esta mañana?
> Usted dice:     **Sí, me desperté temprano.** o
> **No, no me desperté temprano.**
> Confirmación:  Sí, me desperté temprano. o
> No, no me desperté temprano.

G.  **Preguntas para usted.** Escriba respuestas para las seis preguntas siguientes. Conteste con oraciones completas. Cada pregunta se repite dos veces.

1. _____

2. _____

3. _____

4. _____

5. _____

6. _____

### 2.  Los adverbios

H.  **Rápidamente.** Cambie el adjetivo indicado a un adverbio. Luego, escriba el adverbio en el espacio en blanco para completar la oración.

> MODELO:  Usted oye:      normal
> Usted dice:     **normalmente**
> Confirmación:  Voy a contarles lo que normalmente hago por la mañana.
> Usted escribe:  *normalmente*

1. Cuando suena el despertador, no me despierto _____.

2. Me despierto _____.

3. Y nunca me levanto _____.

4. Al levantarme, _____ me ducho y me lavo el pelo.

5. _____, me pongo jeans y una camiseta.

6. _____, desayuno en la cafetería.

7. _____ después, me voy a clase.

8. _____, a veces llego un poco tarde.

I.  **Un mensaje telefónico.** Es sábado por la mañana. Elena está de camino al centro comercial para comprarle un regalo de cumpleaños a su madre. Llama a Paco con su teléfono celular. Nadie contesta. Escuche el mensaje que deja. (Expresión útil: **no te olvides** = *don't forget*)

...

Ahora, escuche el mensaje otra vez. Mientras escucha, marque con una **X** sólo las cosas que Paco debe hacer según el mensaje.

---

**Paco debe...**

- ☐ contestar el teléfono.
- ☐ dormirse.
- ☐ despertarse.
- ☐ ponerse los pantalones nuevos.
- ☐ comprarse pantalones nuevos.
- ☐ afeitarse.
- ☐ comprar rosas.
- ☐ ir a la casa de Elena.
- ☐ ir a un restaurante.
- ☐ llamar a Elena.

### 3. El presente perfecto

**J. Recientemente.** Diga si usted ha hecho o no ha hecho las siguientes cosas recientemente. Cambie el verbo al presente perfecto. Marque **sí** o **no** según su respuesta.

MODELO: Usted oye:   limpiar mi cuarto
Usted dice:   **Sí, he limpiado mi cuarto.** *o*
**No, no he limpiado mi cuarto.**
Confirmación:   Sí, he limpiado mi cuarto. *o*
No, no he limpiado mi cuarto.

1. sí   no

2. sí   no

3. sí   no

4. sí   no

5. sí   no

Ahora, diga si usted y sus amigos han hecho las siguientes cosas recientemente.

6. sí   no

7. sí   no

8. sí   no

9. sí   no

10. sí   no

**K. Preguntas para su hermano o hermana menor.** Es la hora de salir. ¿Qué preguntas le hace usted a su hermano o hermana menor? Repita la confirmación.

MODELO: Usted oye:   bañarte
Usted pregunta:   **¿Te has bañado?**
Confirmación:   ¿Te has bañado?
Usted repite:   **¿Te has bañado?**

**L.** **¿Qué hay de nuevo?** Imagine que usted estudió en España el semestre pasado y acaba de volver a la universidad. ¿Qué cosas han ocurrido en su ausencia? Responda según los dibujos.

MODELO: Usted oye: pintar
Usted dice: **Camila ha pintado un cuadro.**
Confirmación: Camila ha pintado un cuadro.

1.

2.

3.

4.

5.

6.

**M.** **Preguntas para usted.** Escriba respuestas para las cuatro preguntas siguientes. Conteste con oraciones completas. Cada pregunta se repite dos veces.

1. _____

2. _____

3. _____

4. _____

*Manual de laboratorio*

# Capítulo 11
## Las amistades y el amor

 **Bien dicho**   Las amistades y el amor

**A.   Las amistades y el amor.** Conteste las preguntas según los dibujos. Siga los números. Repita la respuesta correcta.

*Listening Hint:* Remember that you may find it useful to listen
to comprehension exercises, such as Exercises B and C that
follow, 3 times: the first time to become familiar with the
selection, the second to write your answers, and the third to
check your answers.

B. **¿Vale más la personalidad?** Escuche la siguiente información acerca de las características que buscan los estudiantes universitarios al escoger (*when choosing*) su pareja. Mientras escucha, escriba en los espacios en blanco las características que usted oye en cada categoría: *mujeres, ambos sexos* y *hombres*.

1. Las *mujeres* buscan un hombre que sea _____ y

   _____.

2. Para el matrimonio, *ambos sexos* valorizan la buena

   _____, la honestidad y la _____.

3. Los *hombres* que buscan pareja para salir por un corto

   tiempo dicen que prefieren una mujer _____.

### 1. Los verbos reflexivos para indicar una acción recíproca

C. **Amor a primera vista.** Escuche la siguiente conversación. Mientras escucha, complete las oraciones.

1. Linda y Manuel _____ _____.

2. Ellos _____ _____ el primer día de clase.

3. _____ _____, se hablaron y luego

   _____ _____ en el parque.

4. Alfonso dice que Linda y Manuel siempre están

   _____.

5. Probablemente van a _____ después de graduarse.

## 2. El subjuntivo

**D. Mi media naranja.** ¿Qué características debe tener su media naranja? Escuche cada característica y marque con un círculo **sí** o **no.**

1. sí    no

2. sí    no

3. sí    no

4. sí    no

5. sí    no

6. sí    no

7. sí    no

8. sí    no

9. sí    no

10. sí    no

11. sí    no

12. sí    no

## 3. El subjuntivo con expresiones de influencia

**E. La influencia de mi amiga.** Indique lo que su amiga quiere que usted haga. Repita la respuesta correcta.

MODELO:    Usted oye:        dormir más

Usted dice:        **Quiere que duerma más.**

Confirmación:    Quiere que duerma más.

Usted repite:    **Quiere que duerma más.**

**F. Juanito y su madre.** Escuche la descripción de cada dibujo. Se repite dos veces. Identifique el número del dibujo que le corresponde. Luego, escriba la forma correcta del verbo en el espacio en blanco.

MODELO:   Usted oye:       Son las siete de la mañana y la madre quiere que Juanito se despierte.

            Usted identifica:   el dibujo nº 2

            Usted escribe:    ...que *se despierte*.

1.

...que _____...

2.
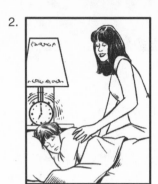

...que *se despierte*.

3.

...que _____.

4.

...que _____...

5.

...que _____...

6.

...que _____...

**4. El subjuntivo con expresiones de emoción**

G. **Las reacciones.** Describa las reacciones o los sentimientos de las personas según los dibujos. Use las expresiones **siente(n) que...** y **se alegra(n) de que....** Repita la respuesta correcta.

Elena y Juanito

| MODELO: | Usted oye: | Llueve. |
|---|---|---|
| | Usted dice: | **Elena y Juanito sienten que llueva.** |
| | Confirmación: | Elena y Juanito sienten que llueva. |
| | Usted repite: | **Elena y Juanito sienten que llueva.** |

1.

Elena y Juanito

2.

Nancy y el profesor

3.

Esteban

4.

Manuel y Linda

5.

Pepita

6.

Camila

H.  **Preguntas para usted.** Escriba respuestas para las cinco preguntas siguientes. Conteste con oraciones completas. Cada pregunta se repite dos veces.

1. _____

2. _____

3. _____

4. _____

5. _____

**Estructura**

## 5.  Los mandatos de tú afirmativos y negativos

I.  **Consejos.** ¿Desea usted mejorar las relaciones entre usted y su pareja? Escuche los doce consejos siguientes de la revista *Mi amor*. Mientras escucha, escriba los mandatos de **tú** (afirmativos o negativos) que faltan.

_____*Expresa*_____ tu amor.

_____ tiempo para estar con él o ella.

_____ paciencia cuando haya problemas.

_____ de una manera sincera y directa.

_____ el tacto.

_____ los problemas.

_____ las diferencias de opinión.

_____ cariñoso o cariñosa.

_____ inflexible.

_____ celos de los amigos de tu pareja.

_____ de los cumpleaños o aniversarios.

Siempre _____ la verdad. Nunca _____

mentiras.

**J. Esteban el desordenado.** Dígale a Esteban lo que debe hacer. Use los mandatos de **tú** afirmativos. Siga los números. Repita la respuesta correcta.

MODELO:  Usted oye:  hacer la cama
Usted dice:  **Haz la cama.**
Confirmación:  Haz la cama.
Usted repite:  **Haz la cama.**

**K. ¡No lo hagas!** Paco rompió con Elsa un mes antes de la boda, pero una semana más tarde se dio cuenta de (*he realized*) su error y quiso comunicarse con ella, pedirle perdón y seguir adelante con los planes para la boda. Una amiga de Elsa le dice que lo escuche. Usted le dice que no. Use el mandato de **tú** negativo. Repita la respuesta correcta.

MODELO:  Usted oye:  Escúchalo.
Usted dice:  **No lo escuches.**
Confirmación:  No lo escuches.
Usted repite:  **No lo escuches.**

Copyright © 2001 John Wiley & Sons, Inc.

*Manual de laboratorio*

# Capítulo 12
## De viaje: En el aeropuerto y en el hotel

**Bien dicho**   De viaje: En el aeropuerto y en el hotel

**A.   De viaje.** Identifique cada objeto, persona, etc. Siga los números. Repita la respuesta correcta.

**B.** **El vuelo 515.** Escuche lo que dice la azafata del vuelo 515. Mientras escucha, escriba en los espacios en blanco las palabras que faltan.

1. Pasajeros y pasajeras, bienvenidos a la línea _____

   AeroSA y al vuelo 515 con destino a Lima.

2. Sentimos mucho la pequeña _____.

3. Por favor, los que están en los _____, siéntense.

4. Abróchense los _____ y pongan sus _____ en

   la posición vertical.

5. Veinte minutos después de _____, les serviremos el almuerzo.

6. Disfruten de su _____. Estamos aquí para servirles.

*Manual de laboratorio*

## 1. Los mandatos de usted y ustedes

**C. El Hotel Mil Estrellas.** Escuche el anuncio para el Hotel Mil Estrellas. Mientras escucha, escriba los mandatos de **usted** que se oyen en el anuncio. Hay siete en total.

MODELO:   Usted oye:       Venga al Hotel Mil Estrellas
          Usted escribe:   *Venga*

| El Hotel Mil Estrellas |
|---|
| *Venga...* |

**D. Consejos para un viaje a Perú.** Unos amigos suyos se van a Perú, y tienen varias preguntas para usted. Contéstelas usando el mandato de **ustedes.** Refiérase a los dibujos. Repita la respuesta correcta.

MODELO:   Usted oye:       Para nuestro viaje, ¿qué documentos debemos sacar?

          Usted dice:      **Saquen los pasaportes.**
          Confirmación:    Saquen los pasaportes.
          Usted repite:    **Saquen los pasaportes.**

1.

2.

3.

4.

5.

6.

E. **Un hotel muy grande.** Diga en qué piso están las habitaciones. Siga el modelo. Repita la respuesta correcta.

> MODELO: Usted oye:      Las habitaciones del 100 al 199 están en el primer piso. Las del 200 al 299 están...
>
> Usted dice:      **en el segundo piso**
> Confirmación:      en el segundo piso
> Usted repite:      **en el segundo piso**

## 2. El subjuntivo con expresiones de duda e incredulidad

F. **¿Lo duda o lo cree?** En un futuro muy cercano, ¿cree usted que van a ocurrir las siguientes cosas o no? Escuche cada pronóstico. Indique con una **X** si usted **duda** que **sea** posible, o **cree** que **es** posible.

**En un futuro muy cercano...**

1. ☐ Dudo que sea posible.      ☐ Creo que es posible.

2. ☐ Dudo que sea posible.      ☐ Creo que es posible.

3. ☐ Dudo que sea posible.      ☐ Creo que es posible.

4. ☐ Dudo que sea posible.      ☐ Creo que es posible.

5. ☐ Dudo que sea posible.      ☐ Creo que es posible.

6. ☐ Dudo que sea posible.      ☐ Creo que es posible.

G. **¿Lo duda usted?** Imagine que usted está en el aeropuerto. Indique que usted duda lo que le dice la persona. Repita la respuesta correcta.

> MODELO: Usted oye:      El avión llega pronto.
> Usted dice:      **Dudo que llegue pronto.**
> Confirmación:      Dudo que llegue pronto.
> Usted repite:      **Dudo que llegue pronto.**

**3. El subjuntivo con expresiones impersonales**

H. **¿Qué debe hacer Esteban?** Responda según los dibujos.
Repita la respuesta correcta.

despertarse

| MODELO: | Usted oye: | Es urgente... |
|---|---|---|
| | Usted dice: | **Es urgente que se despierte.** |
| | Confirmación: | Es urgente que se despierte. |
| | Usted repite: | **Es urgente que se despierte.** |

1.

afeitarse y peinarse

2.

estudiar

3.

dejar de beber...

4.

no fumar

**I. En mi vida.** Complete las cinco oraciones para indicar lo que es necesario, etc. en su vida. Escriba las respuestas.

> MODELO: Usted oye: Es importante que yo... (*se repite dos veces*)
> Usted escribe: *Es importante que yo saque buenas notas.*

1. _____

2. _____

3. _____

4. _____

5. _____

## 4. El presente perfecto del subjuntivo

**J. El policía.** Alguien ha robado algo de la residencia estudiantil. Indique que el policía **no cree** que las personas mencionadas lo **hayan hecho.**

> MODELO: Usted oye: yo
> Usted dice: **No cree que yo lo haya hecho.**
> Confirmación: No cree que yo lo haya hecho.

**K. Mi reacción.** Indique si **es fenomenal** o **es una lástima** que las siguientes cosas hayan ocurrido. Repita la respuesta correcta.

MODELO: Usted oye: Octavio ha ganado el campeonato.

Usted dice: **Es fenomenal que haya ganado el campeonato.**

Confirmación: Es fenomenal que haya ganado el campeonato.

Usted repite: **Es fenomenal que haya ganado el campeonato.**

1.

2.

3.

4.

# Capítulo 13
## Viajes terrestres:
## Coches y carreteras

**Bien dicho** Coches y carreteras

A. **Coches y carreteras.** Conteste las preguntas según los dibujos. Siga los números. Repita la respuesta correcta.

**B. ¿Cuál es su destino?**
Usted decide caminar
por la ciudad. Siga las
instrucciones. Marque
su ruta en el mapa con
lápiz o con bolígrafo.

Usted está en la esquina
de la Avenida D y la
Calle 18.

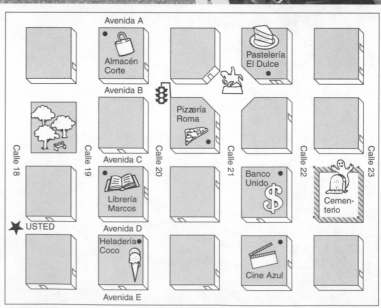

*Manual de laboratorio*

## 1. El subjuntivo con referencia a lo indefinido o inexistente

**C.** **¿Quién puede ayudarme?** Imagine que usted acaba de llegar a una ciudad y necesita ayuda. Hágales preguntas a las personas para ver quién puede ayudar. Repita la confirmación.

> MODELO: Usted oye: hablar inglés
> Usted dice: **¿Hay alguien aquí que hable inglés?**
> Confirmación: ¿Hay alguien aquí que hable inglés?
> Usted repite: **¿Hay alguien aquí que hable inglés?**

**D.** **Sí y no.** ¿Conoce a alguien o no conoce a nadie de la descripción indicada? Responda **sí** o **no** según el modelo. Escriba el verbo de su respuesta en el espacio en blanco apropiado.

> MODELO: Usted oye: ¿Conoce usted a alguien que tenga motocicleta? ¡Sí!
> Usted dice: **Sí, conozco a alguien que tiene motocicleta.**
> Usted escribe: *tiene*
> Confirmación: Sí, conozco a alguien que tiene motocicleta.
>
> o
>
> Usted oye: ¿Conoce a alguien que tenga diez hermanas? ¡No!
> Usted dice: **No, no conozco a nadie que tenga diez hermanas.**
> Usted escribe: *tenga*
> Confirmación: No, no conozco a nadie que tenga diez hermanas.

1. Sí, conozco a alguien que _____...

2. No, no conozco a nadie que _____...

3. Sí, conozco a alguien que _____...

4. No, no conozco a nadie que _____...

Nombre:

Fecha:

Clase:

## 2. El futuro

**E.** **¿Qué harán?** Escuche los problemas de las siguientes personas. Luego, conecte con una línea el nombre de la persona y lo que hará para resolver su problema.

1. Alfonso
2. Octavio
3. Camila
4. Esteban
5. Natalia
6. Carmen

a. Hará más ejercicio en el futuro.
b. Saldrá con sus amigas más frecuentemente.
c. Comprará un coche nuevo.
d. Se pondrá a dieta.
e. Tendrá que estudiar más en el futuro.
f. Manejará más despacio en el futuro.

**F.** **Antes del viaje.** Imagine que usted y sus amigos van a hacer un viaje en carro. Diga lo que ustedes harán antes del viaje. Repita la respuesta correcta.

MODELO:
| | |
|---|---|
| Usted oye: | Compraré comida para el viaje. |
| Usted oye: | (nosotros) |
| Usted dice: | **Compraremos comida para el viaje.** |
| Confirmación: | Compraremos comida para el viaje. |
| Usted repite: | **Compraremos comida para el viaje.** |

**G.** **Preguntas para usted.** Escriba respuestas para las cuatro preguntas siguientes. Conteste con oraciones completas. Cada pregunta se repite dos veces.

1. _____

2. _____

3. _____

4. _____

### 3. El subjuntivo después de conjunciones temporales

**H.** **¿Cuándo se van?** Los estudiantes se van de vacaciones juntos (un viaje en carro). Indique que se van **tan pronto como** hagan las cosas. Repita la respuesta correcta.

MODELO:   Usted oye:    Camila limpia su apartamento.

               Usted dice:    **Se va tan pronto como lo limpie.**

               Confirmación:    Se va tan pronto como lo limpie.

               Usted repite:    **Se va tan pronto como lo limpie.**

1.

2.

3.

4.

5.

**I.** **El viaje de Ronaldo.** Escuche a Ronaldo. Él habla de cuándo hará un viaje por todo el mundo. Mientras escucha, escriba una lista de cuándo él va a hacer el viaje.

*Listening Hint:* Remember that you may find it useful to listen to comprehension exercises 2–3 times.

> *Ronaldo hará su viaje*
>
> **cuando...**
> *ahorre mucho dinero*

**J.**  **En la estación de ferrocarril.** Conteste las preguntas según el
dibujo. Siga los números. Repita la respuesta correcta.

**4.  El subjuntivo después de conjunciones de condición y finalidad**

**K.**  **Condiciones.** Ahora Ronaldo está pensando en hacer un viaje
en tren, pero siempre hay condiciones. Escuche lo que le dice
a su amiga Marisela. Mientras escucha, complete las oraciones
con las palabras que faltan.

1. Marisela, haré el viaje en tren con tal de que _____

   hacer las _____, y con tal de que _____

   boletos de _____.

2. Y no voy a menos que me _____ tres semanas de

   vacaciones,... y a menos que tú _____ el viaje

   _____.

L.  **La maleta de Alfonso.** Alfonso va a hacer un viaje a América Central. ¿Por qué lleva las cosas indicadas en los dibujos? Use la expresión **en caso de que** en cada respuesta. Repita la respuesta correcta.

llover

MODELO:  Usted oye:       ¿Por qué lleva el paraguas?
         Usted dice:      **Lo lleva en caso de que llueva.**
         Confirmación:    Lo lleva en caso de que llueva.
         Usted repite:    **Lo lleva en caso de que llueva.**

1.

hacer fresco

2.

ir a la playa

3.

querer sacar fotos

4.

querer hacer llamadas

5.

tener dolor de cabeza

6.

tener problemas digestivos

# *Capítulo 14*
## *El siglo 21: Desafíos y oportunidades*

 **Bien dicho**   Desafíos y oportunidades

**A.** **Desafíos y oportunidades.** Complete las oraciones con la palabra que falta. Siga los números. Repita la respuesta correcta.

**B.** **Mi entrevista de trabajo.** Escuche la lista de lo que se debe
hacer antes de o durante una entrevista de trabajo con una
empresa. Algunas de las sugerencias **no** son buenas. Mientras
escucha, marque con un círculo **sí** o **no** para indicar si la
sugerencia es buena o no.

|   |   |   |   |
|---|---|---|---|
| 1. sí no | 7. sí no |
| 2. sí no | 8. sí no |
| 3. sí no | 9. sí no |
| 4. sí no | 10. sí no |
| 5. sí no | 11. sí no |
| 6. sí no | |

## 1. El imperfecto del subjuntivo

C. **¿Qué querían?** Durante sus años en la escuela secundaria, ¿qué querían (o no querían) sus padres que hiciera usted? ¿Y qué querían (o no querían) los profesores que hicieran ustedes? Repita la respuesta correcta.

*Mis padres:*

MODELO:  Usted oye:      estudiar mucho
             Usted dice:      **Querían que estudiara mucho.**
             Confirmación:    Querían que estudiara mucho.
             Usted repite:    **Querían que estudiara mucho.**

1. ...
2. ...
3. ...
4. ...
5. ...
6. ...
7. ...
8. ...
9. ...

*Los profesores:*

MODELO:  Usted oye:      llegar a clase a tiempo
             Usted dice:      **Querían que llegáramos a clase a tiempo.**
             Confirmación:    Querían que llegáramos a clase a tiempo.
             Usted repite:    **Querían que llegáramos a clase a tiempo.**

10. ...
11. ...
12. ...
13. ...
14. ...

**D. La misión de Natalia.** Natalia trabajaba de voluntaria en una clínica. Decidió llevar medicamentos a Los Nevados, un pueblo remoto de los Andes. Su amiga había hecho el viaje antes. ¿Qué le recomendó ella? Primero, responda. Luego, escriba la forma correcta del verbo en el espacio en blanco.

...que *se despertara*...

MODELO:    Usted oye:        despertarse
                     Usted dice:       **Le recomendó que se despertara a las 5:00.**
                     Usted escribe:   *se despertara*
                     Confirmación:  Le recomendó que se despertara a las 5:00.

1.

...que _____

2.

...que _____

3.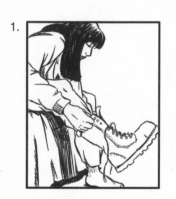

...que _____

4.

...que _____

5.

Para ti, Quepo.

...que _____

6.

...que _____

*Manual de laboratorio*

### 3. El condicional

**E.** **¿Qué harían con el dinero?** Indique lo que las personas harían con el dinero si ganaran la lotería. Repita la respuesta correcta.

MODELO:   Usted oye:        ir a Europa: Carlos
                Usted dice:        **Iría a Europa.**
                Confirmación:   Iría a Europa.
                Usted repite:      **Iría a Europa.**

**F.** **¿Qué haría Ronaldo?** Ronaldo siempre está pensando en viajes imaginarios. Hoy, piensa en lo que haría si estuviera en la península de Yucatán en México. Escuche lo que dice, y mientras escucha, escriba una lista de algunas de sus actividades imaginarias. Use el condicional.

> ### *Si estuviera en Yucatán...*
>
> *alquilaría una casa...*

### 4. Cláusulas con si

**G.** **Estaría muy feliz** (*happy*). Escuche la descripción de cada persona. Luego, seleccione de la lista lo que diría esa persona. Conecte con una línea el nombre de la persona y la declaración que le corresponde. Repita la respuesta correcta.

#### *Estaría muy feliz...*

1. Lidia      a. ...si tuviera empleo.
2. Teresa      b. ...si pudiera volar a la luna.
3. Héctor      c. ...si hubiera paz en el mundo.
4. Humberto      d. ...si plantaran más árboles.
5. Elena      e. ...si encontraran una cura para el cáncer.
6. Margarita      f. ...si hubiera menos crimen.

**H. La fantasía.** Según los dibujos, diga lo que usted haría bajo las circunstancias indicadas. Siga el modelo.

MODELO: Usted oye:    ser

Usted dice:    **Si fuera pájaro...**

Usted oye:    volar

Usted dice:    **...volaría por todo el mundo.**

Confirmación:    Si fuera pájaro, volaría por todo el mundo.

Usted repite:    **Si fuera pájaro, volaría por todo el mundo.**

1.

2.

3.

4.

5.

6.

*Manual de laboratorio*

**I. Preguntas para usted.** Escriba respuestas para las tres preguntas siguientes. Conteste con oraciones completas. Cada pregunta se repite dos veces.

1. _____

2. _____

3. _____

## 5. El subjuntivo con ojalá

**J. Somos idealistas.** Escuche la lista de ocho deseos. Mientras escucha, complete cada oración.

☐ 1. Ojalá que hiciera _____ todos los días.

☐ 2. Ojalá que _____ vacaciones muy largas.

☐ 3. Ojalá que no tuviéramos _____.

☐ 4. Ojalá que no _____ enfermedades.

☐ 5. Ojalá que _____ hasta los 150 años.

☐ 6. Ojalá que pudiéramos _____ los problemas del mundo.

☐ 7. Ojalá que no _____ la pobreza.

☐ 8. Ojalá que _____ _____ la naturaleza.

Ahora, marque con una **X** los deseos que sean más importantes para usted.

**ANSWER KEY**

for

# Cuaderno de ejercicios escritos

**J.**
1. ¿Hiciste la tarea anoche?
2. ¿Tradujiste el poema anoche?
3. ¿Trajiste las fotos de México a clase hoy?
4. ¿Le diste la composición a la profesora ayer?
5. ¿Condujiste el carro de Miguel al centro ayer?

**K.**
1. hizo, hicimos
2. vinieron
3. trajeron
4. puse
5. quise, pude
6. estuvimos
7. tuvimos

**L.**
*(Answers will vary.)*
1. Estuve...
2. Sí, tuve una emergencia... *o* No, no tuve ninguna emergencia...
3. Fui a...

**M.**
*(Answers will vary.)*

**N.**
1. Mi tía me regaló una chaqueta.
2. Mi tía les regaló botas.
3. Mi tía te regaló un reloj.
4. Mi tía le regaló una bolsa.
5. Mi tía nos regaló suéteres.

**O.**
1. Le regalé una bolsa a mi amiga Linda.
2. Les mandé unos regalos a mis primos.
3. Le mostré las fotos a mi tía.
4. Le devolví la cámara a mi padre.
5. Les conté mis aventuras a mis abuelos.
6. Le traje un vestido a mi hermana.
7. Le di un mapa de México a la profesora.

**P.**
1. ¿Cuándo escribieron las invitaciones? Las escribimos hace cuatro días.
2. ¿Cuándo compraron los regalos? Los compramos hace tres días.
3. ¿Cuándo llamaron a los padres de Elena? Los llamamos hace una semana.
4. ¿Cuándo pidieron la torta de cumpleaños? La pedimos hace dos días.

**Q., R.**
*(No answers provided for **Repaso general** exercises.)*

## Capítulo 8

**A.**

| Horizontal | Vertical |
|---|---|
| 1. tormenta | 2. gato |
| 2. gallina | 3. cielo |
| 3. colina | 9. río |
| 4. pájaros | 10. pez |
| 5. caballo | 14. granja |
| 6. bosque | 15. estrellas |
| 7. selva | 16. luna |

| Horizontal | Vertical |
|---|---|
| 8. tierra | 17. flor |
| 9. relámpagos | 18. nubes |
| 10. pescar | 19. isla |
| 11. lago | 20. desierto |
| 12. serpiente | 21. valle |
| 13. fuego | 22. bote |
| | 23. cerdo |
| | 24. árbol |
| | 25. vaca |
| | 26. sol |

**B.**
*(Answers will vary.)*
1. Me gusta ir a...
2. Sí, están de vacaciones. *o* No, no...
3. Sí, hacemos viajes. *o* No, no... A...
4. Prefiero hacer un viaje en crucero/tren.
5. Sí, me gusta tomar el sol/hacer *surf*. *o* No, no...

**C.**
*(No answers provided for ¡**Vamos a leer!** exercises.)*

**D.**
1. A Alfonso le fascinan las arañas.
2. A Anita y Marta les encanta montar a caballo.
3. Nos molestan los mosquitos.
4. Me interesan (Me interesa estudiar) los insectos y la vegetación de la selva.
5. A Camila le importa la preservación de la naturaleza.
6. Me encanta(n)/fascina(n)... *(Answer will vary.)*

**E.**
1. Mi abuela me lo mandó.
2. Mi hermana me la escribió.
3. Mi tía me los prestó.
4. Jorge me la dio.
5. Carmen me lo contó.
6. Óscar me lo dijo.

**F.**
1. Va a regalárselos a Elena y Sonia.
2. Va a regalársela a su hermanita.
3. Va a mostrárselas a sus abuelos.
4. Va a mostrárselo a la profesora Serra.
5. Va a devolvérsela a Juan.
6. Va a devolvérsela a mamá.

**G.**
1. Juanita, ¿quién te mandó (envió) las flores?
2. Alejandro me las dio.
3. ¿Vas a mostrárselas a tus padres?

**H.**
1. la fábrica
2. plantar
3. la destrucción
4. enseñar
5. matar
6. la madera
7. desperdiciar
8. la desforestación
9. construir
10. reciclar
11. proteger
12. la contaminación
13. contaminado
14. resolver
15. peligroso
16. *(Answer will vary.)*

**I.**
1. dormía
2. corríamos, jugábamos
3. plantábamos
4. pescaba
5. preparaba
6. comíamos, tomábamos
7. lo pasábamos, estábamos
8. eran

**J.**
1. protegían, los protegen
2. contaminaban, los contaminan
3. reciclaban, lo reciclan
4. desperdiciaban, la desperdician
5. mataban, los matan
6. resolvían, los resuelven

**K.**
(Answers will vary.)

**L.**
1. tan fuertes como
2. tan grande como
3. tan serios como
4. tan contaminados como
5. tan difícil como

**M.**
1. Hay tantos volcanes en Chile como en El Salvador.
2. Hay tanta desforestación en Brasil como en Honduras.
3. Hay tanta vegetación tropical en Costa Rica como en Panamá.
4. Hay tantas cataratas en Argentina como en Paraguay.

**N.**
1. El temblor de 1960 en Chile fue más grande que el temblor de 1964 en Alaska.
2. Los vientos del huracán Mitch fueron más fuertes que los vientos del huracán Andrew.
3. El volcán Cotopaxi de Ecuador es más alto que el volcán Popocatépetl de México.
4. El río Amazonas es menos largo que el río Nilo.

**O.**
1. Es mejor acampar aquí que allí.
2. Podemos cocinar el pescado en el fuego.
3. Ana me dice que cocinas tan bien como ella.
4. Cuando acampamos (estamos acampando), ella come tanto como nosotros.

**P.**
1. Fue el mejor viaje de su vida.
2. Es el lugar más tranquilo del mundo, con aguas cristalinas, palmeras...
3. Vio los más bellos corales de las islas y los peces más increíbles.
4. Sacó más fotos de las que sus amigos van a querer ver.

**Q., R.**
(No answers provided for **Repaso general** exercises.)

## Capítulo 9

**A.**

| Horizontal | Vertical |
|---|---|
| 1. copa | 2. sala |
| 2. sofá | 6. toalla |
| 3. lámpara | 7. cortinas |
| 4. refrigerador | 8. cómoda |
| 5. sillón | 20. ropero |
| 6. televisor | 21. ducha |
| 7. cama | 22. alfombra |
| 8. chimenea | 23. estante |
| 9. recámara | 24. escalera |
| 10. pared | 25. suelo |
| 11. baño | 26. inodoro |
| 12. comedor | 27. cocina |
| 13. jabón | 28. bajar |
| 14. garaje | 29. lavabo |
| 15. espejo | 30. bañera |
| 16. techo | 31. fregadero |
| 17. cuadro | |
| 18. subir | |
| 19. apagar | |

**B.**
(Answers will vary.)
1. el vaso, la leche, el jugo,...
2. la taza, el café, el té,...
3. el tenedor, la ensalada, el arroz,...
4. el cuchillo, el bistec, el jamón,...
5. la cuchara, la sopa, el cereal,...
6. la servilleta, la boca, las manos,...

**C.**
1. Pasé la aspiradora.
2. Hice las camas.
3. Saqué la basura.
4. Lavé y sequé los platos.
5. Puse la mesa.
6. Apagué el televisor/estéreo.
7. Prendí el estéreo/el televisor.
8. Empecé a preparar la cena.

**D.**
1. alquilaba, alquiló
2. visitaba, visité
3. comíamos, comimos
4. subieron, subían
5. fui, iba

**E.**
1. Era
2. Hacía
3. Eran
4. caminaba
5. Llevaba
6. iba
7. llegó, abrió, entró
8. estaba
9. Había
10. encendió
11. tenía
12. tuvo, salió

**F.**
1. ¿Qué hacía el lobo allí?
2. ¿Dormía cuando llegó la niña pequeña?
3. ¿Qué hizo cuando vio el lobo?

**G.**
*(Answers will vary.)*
**H.**
1. ...al lado del sofá.
2. ...detrás del sofá.
3. ...encima de la mesa.
4. ...entre los sillones.
**I.**
1. Anita, en vez de ver la tele(visión) ¿quieres alquilar un vídeo?
2. ¡Sí! ¿Está la tienda de vídeos lejos de tu casa?
3. No. Está muy cerca.
4. Antes de ir, ¿quieres pedir una pizza de la pizzería Franco?
5. ¡Sí! Me encanta su pizza.
**J.**
*(No answers provided for ¡Vamos a leer! exercises.)*
**K.**
conmigo, contigo, ti, conmigo, ella, mí, ella, nosotros
**L.**
*(Answers will vary.)*
1. Vamos a la biblioteca para estudiar.
2. Vamos al parque para descansar.
3. Vamos al restaurante Roma para cenar.
4. Vamos al cine para ver la película...
5. Vamos al bar para tomar un refresco.
**M.**
1. ...para Pablo.
2. ...para Lidia.
3. ...para Anita.
4. para, torta de chocolate
5. $7.80 por...
6. $9.75 por...
7. $6.95 por...
8. por
**N.**
1. por
2. para
3. por
4. para
5. por
6. para
7. por
8. para
9. por, por
10. para
11. por, para
12. para
**O., P.**
*(No answers provided for **Repaso general** exercises.)*

## Capítulo 10

**A.**

| Horizontal | Vertical |
|---|---|
| 1. preocuparse | 1. peine |
| 2. quejarse | 14. irse |
| 3. ruido | 15. ducharse |
| 4. afeitarse | 16. cortarse |
| 5. despedirse | 17. despertarse |

| Horizontal | Vertical |
|---|---|
| 6. secarse | 18. ponerse |
| 7. peinarse | 19. divertirse |
| 8. quitarse | 20. cepillarse |
| 9. bañarse | 21. enojarse |
| 10. acostarse | 22. enfermarse |
| 11. levantarse | 23. lavarse |
| 12. reírse | 24. vestirse |
| 13. sentarse | 25. sonar |

**B.**
*(No answers provided for ¡Vamos a leer! exercises.)*
**C.**
*(Order of answers may vary.)*
1. Me despierto...
2. Me levanto.
3. Me baño.
4. Me lavo el pelo.
5. Me seco.
6. Me visto.
7. Me pongo los zapatos.
8. Desayuno.
9. Me cepillo los dientes.
**D.**
1. se peinó, te peinaste, nos peinamos
2. se vistió, nos vestimos, se vistieron
3. nos divertimos, se divirtió, se divirtieron
4. se rió, nos reímos, se rieron
5. se quedaron, nos quedamos, se quedó
6. se despidieron, se despidió, nos despedimos
**E.**
*(Answers will vary.)*
1. Me preocupo por...
2. Me quejo de...
3. Sí, me enfermo con frecuencia en el invierno. *o* No, no me enfermo...
4. Me siento bien/mal...
5. Me levanté a las... esta mañana.
6. Sí, me bañé. *o* No, no me bañé.
   Sí me peiné. *o* No, no me peiné.
7. Sí, fui a una fiesta el fin de semana pasado. *o* No, no fui...
   Sí, me divertí. *o* No, no me divertí.
8. Sí, nos divertíamos mucho. *o* No, no nos divertíamos mucho.
   Sí, nos preocupábamos por las notas. *o* No, no nos preocupábamos...
**F.**
*(Answers will vary.)*
**G.**
1. Acabo de levantarme.
2. Mi compañero/a de cuarto acaba de vestirse.
3. Nuestros/as amigos/as acaban de salir de la residencia estudiantil.
**H.**
1. enérgicamente
2. lentamente
3. frecuentemente
4. rápidamente, inmediatamente
5. fácilmente
6. Probablemente

**I.**
1. el contestador automático
2. el mensaje
3. ¿Dígame? (Dígame/Bueno/Aló)
4. ocupada
5. el/la operador/a
6. la llamada de larga distancia
7. la llamada a cobro revertido
8. la guía telefónica
9. el teléfono celular/móvil

**J.**
1. Camila ha limpiado su apartamento. ¡Qué sorpresa!
2. Esteban ha recibido un cheque y se ha comprado un estéreo.
3. Alfonso y Natalia se han ido a Mt. Palomar para ver el famoso observatorio.
4. Linda y Manuel han encontrado trabajo.
5. Carmen ha escrito un cuento original.

**K.**
1. No hemos dicho nada.
2. No hemos visto nada.
3. No hemos oído nada.
4. No hemos hecho nada.
5. No hemos roto nada.
6. ¡No hemos abierto ningún regalo!

**L.**
1. ¿Has sacado la basura?
   Sí, la he sacado.
2. ¿Has hecho la cama?
   Sí, la he hecho.
3. ¿Has terminado la tarea?
   Sí, la he terminado.
4. ¿Te has lavado las manos?
   Sí, me las he lavado.
5. ¿Te has cepillado los dientes?
   Sí, me los he cepillado.
6. ¿Te has vestido?
   Sí, me he vestido.
7. ¿Te has puesto los zapatos?
   Sí, me los he puesto.

**M.**
1. Pepe, ¿(se) ha muerto el tío de Susana?
2. No, pero está muy enfermo. ¿La has visto hoy?
3. No. Los vecinos dicen que (se) ha ido al hospital.
4. Veo su coche. Pienso que ha vuelto/regresado.

**N.**
1. Como demasiado chocolate. Voy a dejar de comerlo.
2. Mi padre come demasiadas hamburguesas. Va a dejar de comerlas.
3. Comemos demasiados postres. Vamos a dejar de comerlos.
4. Mis amigos comen demasiada pizza. Van a dejar de comerla.

**O.**
1. Mis amigos dijeron que nunca habían viajado a España.
2. Dijimos que nunca habíamos visto el Estrecho de Gibraltar.
3. Carmen dijo que nunca había comido una paella.
4. Dijiste que nunca habías tomado sangría.
5. Dije que nunca había ido a una corrida de toros.

**P., Q.**
*(No answers provided for **Repaso general** exercises.)*

## Capítulo 11

**A.**

| Horizontal | Vertical |
|---|---|
| 1. miel | 1. muerte |
| 2. cariñoso | 3. casarse |
| 3. comprometerse | 12. divorciarse |
| 4. cita | 13. juntos |
| 5. boda | 14. enamorarse |
| 6. embarazada | 15. pareja |
| 7. nacer | 16. soltero |
| 8. llorar | 17. extrañar |
| 9. anciano | 18. marido |
| 10. creer | 19. celos |
| 11. viuda | |

**B.**
*(No answers provided for ¡**Vamos a leer!** exercises.)*

**C.**
1. Lidia conoció a Renato.
2. Se vieron por primera vez en el gimnasio.
3. Se encontraron por casualidad en la piscina.
4. Se pasaron toda la tarde hablando.
5. Bailaron a la luz de la luna.
6. Se besaron.
7. Exploraron juntos varias islas del Caribe.
8. Se despidieron con un fuerte abrazo.
9. Decidieron comunicarse todos los días.
10. Van a reunirse muy pronto en la ciudad de Nueva York.

**D.**
1. eran
2. se llevaban
3. Se querían
4. se casaron
5. era
6. Se divorciaron
7. tuvieron
8. se separaron
9. resolvieron

**E.**
1. Les recomiendo que piensen en las causas del problema.
2. Les recomiendo que se reúnan.
3. Les recomiendo que se hablen.
4. Les recomiendo que se escuchen.
5. Les recomiendo que sean flexibles.
6. Les recomiendo que busquen soluciones.
7. Les recomiendo que resuelvan sus problemas.

**F.**
1. Te recomiendo que hagas la tarea.
2. Te sugiero que le pidas ayuda al profesor.
3. Te digo que estudies en la biblioteca con más frecuencia.
4. Te pido que no salgas todas las noches.
5. Te recomiendo que te acuestes más temprano.
6. Te sugiero que te levantes cuando suena el despertador.
7. Insisto en que vayas a todas tus clases.

**G.**
1. (Él) quiere comprar el nuevo disco compacto de Shakira.
2. No. Quiere que yo lo compre.
3. Me sugiere que lo escuchemos antes de comprarlo.

**H.**
*(Answers will vary.)*

**I.**
1. Siento que esté muy enferma.
2. Temo que tenga fiebre.
3. Me alegro de que ella pueda hablar con el médico hoy.
4. Espero que ahora se sienta un poco mejor.

**J.**
1. Se alegra de que haga sol. Se alegra de que Renato llegue esta tarde. Se alegra de que Renato se quede por una semana.
2. Quiere que sus amigos conozcan a Renato.
3. Espera que puedan venir (que vengan) a su apartamento mañana por la noche para cenar.

**K.**
*(Answers will vary.)*
1. Me alegro de que... y que...
2. Espero que... y que...

**L.**
1. Pasa tiempo con él.
2. Juega con él.
3. Léele cuentos.
4. Escúchalo.
5. Anímalo.
6. Enséñale las cosas importantes de la vida.
7. Sé cariñoso con él.
8. Ten paciencia con él.
9. Dile que lo quieres mucho.

**M.**
1. No lo comas.
2. No las bebas.
3. No lo devuelvas.
4. No los laves.
5. No te vayas.
6. No te lo olvides.

**N.**
1. Levántate más temprano. No te levantes tan tarde.
2. Acuéstate más temprano. No te acuestes tan tarde.
3. Apaga el televisor. No apagues la computadora.
4. Pon tus cosas en el ropero. No las pongas en el suelo.
5. Dime la verdad. No me digas mentiras.

6. Ve a clase. No vayas al centro estudiantil.
7. Sal con tus amigos. No salgas con esas personas.
8. Lleva tu ropa. No lleves la mía.

**O., P.**
*(No answers provided for **Repaso general** exercises.)*

## Capítulo 12

**A.**

| Horizontal | Vertical |
|---|---|
| 1. aduana | 1. aterrizar |
| 2. salida | 16. avión |
| 3. equipaje | 17. azafata |
| 4. facturar | 18. recepcionista |
| 5. horario | 19. ascensor |
| 6. volar | 20. pasaporte |
| 7. pasajero | 21. aeropuerto |
| 8. piloto | 22. botones |
| 9. vuelo | 23. aerolínea |
| 10. asiento | 24. pasillo |
| 11. llave | 25. demora |
| 12. huésped | |
| 13. boleto | |
| 14. maleta | |
| 15. ventanilla | |

**B.**
1. sábanas
2. almohadas
3. mantas (cobijas)
4. calefacción, aire acondicionado
5. servicio, habitación
6. propina
7. piscina

**C.**
*(No answers provided for ¡Vamos a leer! exercises.)*

**D.**
1. Haga las reservas.
2. No se olvide de confirmar su vuelo.
3. Cómprese una guía turística del país.
4. Consiga cheques de viajero.
5. Llegue al aeropuerto temprano.
6. Facture su equipaje inmediatamente.
7. Espere en la sala de espera.
8. Al llegar, busque la puerta nº 23.
9. No se preocupe por nada—todo está arreglado.

**E.**
1. Abróchense el cinturón de seguridad.
2. Apaguen los aparatos electrónicos.
3. Descansen y escuchen música con los audífonos.
4. Vean la película.
5. Por favor, no fumen.
6. No se preocupen por nada.
7. Disfruten de su viaje.

**F.**

1. Háganlas el día antes de salir.
2. Cómprenlos en la tienda de cámaras.
3. No los firmen de antemano.
4. Llévenla.
5. Pónganlos en las mochilas.
6. No los lleven.
7. Empáquenlos.

**G.**

1. La habitación de Camila está en el tercer piso. Salió de la habitación y dejó su suéter.
2. La habitación de Rubén está en el primer piso. Salió de la habitación y dejó sus llaves.
3. La habitación de Juanito y Elena está en el quinto piso. Salieron de la habitación y dejaron la pelota y las toallas.
4. Mi habitación está en el décimo piso. Salí de la habitación y dejé mi paraguas.

**H.**

1. No creo que haya una demora muy larga.
2. Dudo que muestren películas en el vuelo.
3. No estoy seguro/a que siempre llegue el equipaje a su destino.
4. Estoy seguro/a que los auxiliares de vuelo sirven jugo.
5. Dudo que el vuelo vaya directamente a Lima.
6. Sí, creo que debemos confirmar el vuelo.

**I.**

*(Answers will vary.)*

**J.**

1. Es bueno que el vuelo salga en diez minutos.
2. Es extraño que no estén aquí.
3. ¡Es urgente que lleguen en dos minutos!
4. Es importante que me traigan la maleta que dejé en casa.
5. Es improbable que puedan subir al avión para dármela.
6. ¡Es ridículo que todos los restaurantes del aeropuerto estén cerrados!

**K.**

*(Answers will vary.)*

**L.**

1. Espera que hayamos hecho las maletas.
2. Espera que Rubén haya confirmado los vuelos.
3. Espera que hayas reservado los asientos en el avión.
4. Espera que haya recogido las etiquetas de identificación.
5. Espera que ustedes hayan conseguido las tarjetas de embarque.
6. Espera que Esteban y Alfonso no se hayan olvidado de traer sus pasaportes.
7. Espera que nos hayamos despedido de nuestros amigos.

**M.**

1. Ella ha perdido su equipaje.
2. Es una lástima que no lo hayan encontrado.
3. Espero que llegue en el próximo vuelo.

**N.**

*(Answers will vary.)*

1. Creo que han...
2. Dudo que hayan...

**O., P.**

*(No answers provided for **Repaso general** exercises.)*

## Capítulo 13

**A.**

| *Horizontal* | *Vertical* |
|---|---|
| 1. cruzar | 1. camión |
| 2. seguir | 15. semáforo |
| 3. multa | 16. parabrisas |
| 4. puente | 17. parar |
| 5. camino | 18. tanque |
| 6. carretera | 19. derecha |
| 7. llenar | 20. reparar |
| 8. llanta | 21. desinflada |
| 9. aire | 22. abrocharse |
| 10. revisar | |
| 11. izquierda | |
| 12. doblar | |
| 13. frontera | |
| 14. estacionar | |

**B.**

1. tengo, prisa, me olvido, abrocharme
2. tener, cuidado
3. me pongo impaciente, trato de
4. estacionar, me acuerdo

**C.**

1. Señor, siga recto (derecho) cuatro cuadras.
2. Doble a la derecha en la esquina de las calles Juárez y Morelos.
3. Cruce el puente.
4. Vaya al semáforo y doble a la izquierda.
5. Estacione en frente de (frente a) la biblioteca.

**D.**

*(Answers will vary.)*

| | |
|---|---|
| 1. ¡Caramba! | 4. ¡Qué lío! |
| 2. ¡Qué lástima! | 5. ¡Ay de mí! |
| 3. ¡Qué suerte! | |

**E.**

1. sea, es, sea
2. llegue, llega, llegue
3. pueda, puede, pueda

**F.**

| | |
|---|---|
| CLIENTE: pueda | CLIENTE : sirva |
| EMPLEADO: sabe | EMPLEADO: sirva |
| CLIENTE : sepa | |

**G.**

*(No answers provided for **¡Vamos a leer!** exercises.)*

**H.**

1. Le echaré gasolina al carro.
2. Jorge pondrá aire en las llantas.

3. Esteban y Roberto comprarán la comida para el viaje.
4. Conseguiremos un mapa.
5. María buscará información acerca de lugares para acampar.
6. Encontraré a alguien que cuide al perro.
7. Esteban y Roberto traerán su tienda de campaña.
8. Dejaremos un itinerario con nuestros amigos.

**I.**
1. a) ¿Harás ejercicio en el gimnasio?
   b) Sí, haré ejercicio en el gimnasio.
2. a) ¿Saldrás de la universidad?
   b) Sí, saldré de la universidad.
3. a) ¿Tendrás que trabajar?
   b) Sí, tendré que trabajar.
4. a) ¿Vendrás a mi fiesta?
   b) Sí, vendré a tu fiesta.
5. a) ¿Podrás traer comida y bebidas?
   b) Sí, podré traerlas.

**J.**
*(Answers will vary.)*

**K.**
1. Vendré a visitarte cuando tenga menos trabajo.
2. Vendré a visitarte cuando termine mi proyecto.
3. Vendré a visitarte cuando Tomás y Susana puedan venir conmigo.
4. Vendré a visitarte cuando me mandes las direcciones a tu casa.
5. Vendré a visitarte cuando me invites.

**L.**
1. reciba, recibí
2. llegó, llegue
3. me digas, me dijiste
*Traducciones:*
1. I will take the trip as soon as I receive the money.
2. I waited until my passport arrived.
3. I will determine (decide) the itinerary after you tell me what places you want to visit.

**M.**
1. a) Los llamaré antes de salir.
   b) Los llamaré antes de que salgan.
2. a) Empacaremos (Haremos las maletas) después de lavar la ropa.
   b) Empacaremos (Haremos las maletas) después de que laves la ropa.

**N.**
1. estación, ferrocarril
2. perder
3. taquilla
4. ida, vuelta
5. primera, segunda
6. maletero
7. propina
8. servicio

**O.**
1. para que
2. a menos que
3. en caso de que
4. con tal que

**P.**
*(Answers will vary.)*
1. ...consiga...
2. ...reciba...
3. ...haga calor (sol).
4. ...veas...

**Q.**
1. Vamos a la playa para descansar y divertirnos.
2. Vamos a la playa para que mi hermano menor vea (pueda ver) el océano.

**R.**
1. Pongamos las toallas y pelotas de vólibol en el coche.
2. Pongámonos los trajes de baño.
3. Desayunemos en camino a la playa.
4. Vamos a la playa.
5. Al legar a la playa, juguemos al vólibol.
6. Nademos en el mar.
7. Comamos en la playa.
8. Divirtámonos.
9. Volvamos a la universidad el domingo.

**S., T.**
*(No answers provided for Repaso general exercises.)*

## Capítulo 14

**A.**

| Horizontal | Vertical |
|---|---|
| 1. crimen | 2. votar |
| 2. vivienda | 5. sufrir |
| 3. líder | 10. jefe/jefa |
| 4. guerra | 16. robar |
| 5. sobrepoblación | 17. escoger |
| 6. desempleo | 18. enfermedad |
| 7. entrevista | 19. ley |
| 8. drogas | 20. hambre |
| 9. empresa | 21. gobierno |
| 10. justicia | 22. desamparados |
| 11. paz | 23. proponer |
| 12. ciudadano | 24. pobreza |
| 13. alcohol | 25. tabaco |
| 14. voluntario/a | 26. cura |
| 15. solicitud | 27. salud |

**B.**
1. Debemos votar por el/la mejor candidato/a.
2. Debemos escoger entre conservar el planeta o destruirlo.
3. Debemos apoyar las causas que ayudan a la sociedad.
4. Debemos prevenir la drogadicción.
5. Debemos evitar las comidas que son malas para la salud.
6. Debemos encontrar una cura para el cáncer, el SIDA, etc.

**C.**
*(No answers provided for ¡Vamos a leer! exercises.)*

**D.**

1. reciclara el papel
   no desperdiciara el agua
   plantara unos árboles
   protegiera los animales
2. no fumaras
   no tomaras bebidas alcohólicas
   hicieras ejercicio
   no comieras mucha carne
3. lucháramos por los derechos humanos
   escribiéramos muchas cartas
   no nos olvidáramos de los prisioneros
   mandáramos dinero
4. fueran al lugar del desastre
   fueran voluntarios
   prepararan comida
   les dieran ropa a los niños

**E.**

1. Dudaba que ellos tuvieran reservaciones.
2. Querían que el hotel estuviera cerca del capitolio.
3. Buscaban un hotel que fuera económico.
4. Esperaban que la conferencia llamara atención a los problemas de la economía.
5. Era urgente que todo el mundo leyera las noticias cada día.

**F.**

*(Answers will vary.)*

**G.**

1. Me alegré de que la empresa nueva hubiera tenido éxito en su primer año.
2. Me alegré de que los líderes hubieran firmado el acuerdo de paz.
3. Me alegré de que los voluntarios hubieran dado de comer a los desamparados.
4. Me alegré de que mi amiga hubiera trabajado de voluntaria en una clínica rural.
5. Me alegré de que los estudiantes hubieran construido una casa con la organización *Habitat para la Humanidad*.
6. Me alegré de que el gobierno hubiera pasado una ley en contra de la discriminación.
7. Me alegré de que el presidente hubiera propuesto un plan para prevenir la violencia contra la mujer.

**H.**

1. Quería que mi amiga fuera conmigo.
2. Dudaba (Dudé) que hubiera viajado a América del Sur (Sudamérica).

**I.**

1. Dijo que empezaríamos a trabajar el lunes 8.
2. Dijo que Pablo y Lidia conocerían a la jefa mañana.
3. Dijo que tendría que trabajar tarde los miércoles.
4. Dijo que Carmen podría salir del trabajo temprano y completarlo en casa.
5. Dijo que aprenderías a usar las máquinas nuevas sin problema.
6. Dijo que recibiría un aumento en salario en tres meses.
7. Dijo que Elena y Anita harían una variedad de cosas interesantes en el trabajo.
8. Dijo que nos gustaría mucho trabajar para su compañía.

**J.**

*(Answers will vary.)*

**K.**

1. Si tuviéramos el dinero, se lo daríamos a los pobres.
2. Si fuera presidente, resolvería los problemas de nuestro país.
3. Si fuera dictador/a del mundo, eliminaría la pobreza.
4. Si pudiéramos proteger el medio ambiente, lo haríamos.
5. Si estuviéramos en la selva Amazonas, no destruiríamos el bosque tropical.
6. Si mi familia viviera al lado de un río, ¡no pondría basura en el río!

**L.**

*(Answers will vary.)*

**M.**

1. Ojalá que tuviera un coche nuevo.
2. Ojalá que pudiera viajar por todo el mundo.
3. Ojalá que supiera hablar cinco lenguas.
4. Ojalá que fuera famoso/a.
5. Ojalá que conociera bien todas las regiones de este país.
6. Ojalá que estuviera en Hawaii.
7. Ojalá que...*(Answers will vary.)*

**N., O.**

*(No answers provided for **Repaso general** exercises.)*

# NOTES

# NOTES

# NOTES

# NOTES

# NOTES

# NOTES

# NOTES

# NOTES